四川省首届"干部教育名师"代表性课程

《成渝地区双城经济圈建设规划纲要》解读

汤继强 编

西南财经大学出版社

图书在版编目(CIP)数据

《成渝地区双城经济圈建设规划纲要》解读/汤继强编.—成都:西南财经大学出版社,2023.10
ISBN 978-7-5504-5023-3

Ⅰ.①成…　Ⅱ.①汤…　Ⅲ.①区域经济发展—文件—研究—成都②区域经济发展—文件—研究—成都　Ⅳ.①F1257.711②F127.719

中国国家版本馆 CIP 数据核字(2023)第 183917 号

《成渝地区双城经济圈建设规划纲要》解读
《CHENGYU DIQU SHUANGCHENG JINGJIQUAN JIANSHE GUIHUA GANGYAO》JIEDU
汤继强　编

策划编辑:何春梅
责任编辑:何春梅
责任校对:周晓琬
封面设计:杨红英
责任印制:朱曼丽

出版发行	西南财经大学出版社(四川省成都市光华村街 55 号)
网　　址	http://cbs.swufe.edu.cn
电子邮件	bookcj@swufe.edu.cn
邮政编码	610074
电　　话	028-87353785
照　　排	四川胜翔数码印务设计有限公司
印　　刷	四川煤田地质制图印务有限责任公司
成品尺寸	170mm×240mm
印　　张	12.75
字　　数	142 千字
版　　次	2023 年 10 月第 1 版
印　　次	2023 年 10 月第 1 次印刷
书　　号	ISBN 978-7-5504-5023-3
定　　价	58.00 元

序言

中华民族的伟大复兴不可逆转。中华民族的伟大复兴不是轻而易举就可以实现的，必须经过艰苦的斗争才能取得。中华民族的复兴之路，曾经数度被外国侵略者中断，但今天我们绝不能重蹈覆辙。面对百年未有之大变局，面对极为复杂的外部形势，国家未雨绸缪，以不可撼动之势，努力行进在中华民族伟大复兴之路上。

建设成渝地区双城经济圈，是提升四川、重庆在畅通国内国际双循环中战略优势的重大机遇，是四川、重庆构筑向西开放战略高地和参与国际竞争新基地、尽快成为带动西部高质量发展的重要增长极的新的动力源。建设新时代的战略大后方，打造中国经济增长“第四极”，责无旁贷，使命在肩。

2021 年 10 月 20 日，中共中央、国务院印发《成渝地区双城经济圈建设规划纲要》（以下简称“《规划纲要》”），中国经济增长“第四极”自此正式锚定，成渝地区双城经济圈将同京津冀、长三角和粤港澳大湾区三大区域一起共同构成中国高质量发展的新区域布局。

审时观势，既要审中华民族复兴之“经”，又需观世界格局变化之“纬”，在以习近平同志为核心的党中央深远谋划、举棋部署下，中华民族复兴的大棋局正逐步成势。以千秋大计的气魄建设雄安新区，举合作友好的旗帜构建“一带一路”，打造长江经济带，建造海南自由贸易港，连同四大经济增长极一道，合力构建以国内大循环为主体、国内国际双循环相互促进的新发展格局。用国家战略谋划复兴大棋局，以区域布局协调发展新格局，落子成线，组棋结势，应变局开新局，化优势为胜势，为国家进步注入不竭动力，而在此棋局当中，成渝地区双城经济圈就是党中央落下的关键之子。

位于“一带一路”与长江经济带连通区域的成渝地区，凭借交通区位，依托四通八达、陆海兼备的交通路网，接通中国经济发展的大动脉，主动融入国内大循环的流通网络中，走上区域协调发展的前进道路。由于国家战略的坚实支撑，成渝地区展现出发展的新风貌，棋子靠棋盘而屹立，棋局因棋子而精彩，中国经济的行稳致远同样需要川渝的参与，在发展道路上，一个都不能少。而成渝地区的发展也将推动民族复兴进程的加快，为国家发展棋局再开新气象。

作为向西开放的战略高地和参与国际竞争的新基地，成渝地区双城经济圈展现了中国发展的全新形象。随着双国际机场的相继建成与跨国班列的陆续开设，成渝地区将成为许多海外游客来到中国的第一站，将建立起他们对于当下中国的最初印象。不管是巴风蜀韵的文旅风貌，还是鳞次栉比的高楼大厦，或是烟火气十足的市井生活，都是他们闻所未闻的中国故事。从世界格局来看，成渝地区是中国与世界交流的前沿地区之一，而通过成渝地区这扇窗户，新时代的中国发展故事将由此处向世界慢慢述说开来。

李后强[①]

2023 年 8 月

① 李后强：四川省委省政府决策咨询委员会副主任、成都市社科联主席、四川省社会科学院二级教授、博士生导师。

前言

山承云岭势，盆聚大雾来。四川盆地自古多云雾，盖天下大势常汇于此。

山势层叠连云涌，历史于云海间浮沉，时势如白云般变幻，凝聚成巴蜀大地上的英雄豪杰与诗词名篇。兵戈铁马，壮志凌云，或是对酒当歌，豪情万丈，前人事迹似彩云般灿烂，又若流云般飘散，历史向前发展，从未驻足，大势聚散不定，但从未远去。雾色空蒙伴云生，时间于雾霭里模糊，依据文字记载与图画，发掘历史文物与遗迹，我们借此对话古今。观光三星堆黄金面具，与古代文明来场对视；探访李白杜甫写诗旧址，同唐时明月一道吟诵；参观成渝古驿道遗址，和往来客商漫步青砖。川渝深厚的历史似大雾弥漫，常年浸润此间天地的人们，无形无色，却又无处不在，晕染出成渝人民独特的精神底色。

山阻岭隔，云遮雾掩，唐代就有蜀犬吠日之说，红日难寻，但晴空终至，而当拨云见日时，成渝自古珍重。在迈向光明之路上，八方来势会挟云雾而聚，云落成雨润泽成渝大地。这雨，是客居蜀地时杜甫吟诵润物细无声的春夜喜雨，又是三线建设时工人的挥汗成雨；这云，是遇赦返乡时李白回望朝辞白帝城的朝霞彩云，也是抗日战争时川军行进在巴山蜀水间的军阵如云。建设成渝地区双城经济圈是对川渝人民的时代号召，站在前辈们润泽守护的土地上，我们书写新时代的风云变幻，打造新征程的万千气象。

2023 年 6 月 26 日，推动成渝地区双城经济圈建设重庆四川党政联席会议第七次会议成果发布会在重庆市璧山区召开。会议总结前一年成渝两地协同发展的建设成果并讨论下一年合作事项，围绕推动成渝中部地区高质量发展主题进行深入讨论，明确推动成渝地区双城经济圈建设走深走实的若干重大事项，并通报重庆市和四川省的下一步发展规划。

过往历史不过是当代故事的前言，虽然距《成渝地区双城经济圈建设规划纲要》发布已近两年，但未来成渝地区的发展故事还将继续，站在更长远的视角来看，本书才刚刚开篇。通过解读《成渝地区双城经济圈建设规划纲要》，深入认识成渝地区双城经济圈的重要使命，并了解成渝地区实践的成果，笔者希望能借此引导当代人参与成渝地区双城经济圈建设，为下一代人书写历史前言。

汤继强

2023 年 8 月

目录

第一章 如何认识成渝地区双城经济圈

从国家战略全局、巴蜀历史渊源、新发展格局以及成渝地区双城经济圈的沿革，我们将深入认识这一地区的形成和发展，为未来的合作与创新开辟新的道路。成渝地区双城经济圈不仅是两个地区的融合，更是新发展理念的结晶、新时代的崭新起点。

在全球化和城市化的浪潮中，成渝地区双城经济圈展现出强大的发展潜力和独特的地域魅力。让我们跳出成渝看成渝，一同探索成渝地区双城经济圈建设路径，共同书写未来繁荣的篇章。

第一节 | 从国家战略全局看成渝地区双城经济圈

党的二十届二中全会强调："当前，世界百年未有之大变局加速演进，世界进入新的动荡变革期，我国发展进入战略机遇和风险挑战并存、不确定难预料因素增多的时期，必须准备经受风高浪急甚至惊涛骇浪的重大考验。"不谋全局者，不足谋一域。对成渝地区双城经济圈的深入理解必须先暂时跳出成渝地区这一域，站在世界格局与国家战略的高度，才能体会到成渝地区双城经济圈建设规划是中国若干个区域发展战略中值得浓墨重彩书写的精彩一笔，方能领悟到习近平总书记多次到四川视察指示的重要精神和党中央国务院对成渝地区双城经济圈的深远战略部署决策。

（一）世界格局，中国大局

当下的中国正处于近代以来最好的发展时期，而世界正处于百年未有之大变局，两者交织融入，相互激荡。中国既是世界出现大变局的重要因素，也是影响未来世界走向的重要国家，如何使中国这艘巍巍巨轮行稳致远，实现中华民族伟大复兴的历史使命，成为党中央着重思虑的问题。

改革开放40多年以来，中国敞开国门拥抱世界，未来改革开放的大门还会越开越大，中国与世界的联系将日趋紧密，世界与中国的相互影响也将日益增强。然而，在世界百年未有之大变局与新冠病毒感染疫情冲击相互叠加，逆全球化浪潮与地区动荡此起彼伏，大国之间的矛盾越发尖锐，和平与发展的时代主题受到严重冲击，世界正处于动荡变革期，不稳定性不确定性陡然增强的情形下，中国面临的国际环境极其复杂，想要发展并不容易。

全球经济危机空前突出，国际安全也是险象环生。乌克兰危机发生后，美国以中国为假想敌推进安全战略，加快通过遏制和围堵手段来重塑其全球战略布局，且各国纷纷加大军事投入，国际安全合作走向集团化，大国博弈竞争逐渐对抗化。同时，新一轮技术革命与国际安全格局演进同频共振，非传统安全与传统安全问题交织涌现，国家总体安全成为摆在桌面上的难题，全球和平与安全也面临着严峻挑战。人类面临的治理赤字、信任赤字、发展赤字、和平赤字有增无减，实现普遍安全、促进共同发展依然任重道远。世界局势复杂多变，在充满不确定性的当下，一个安全稳定的中国将是这个不确定时代里最大的确定性。

不谋万世者，不足谋一时。为让中国号巨轮在纷繁复杂的世界格局中行稳致远，以习近平同志为核心的党中央保持战略前瞻，科学布局，周密安排，将目光对准西部，着眼全局，沉稳落子，成渝地区双城经济圈建设就此启动。

（二）落子西部，定域成渝

40 多年前在中国的南海边，邓小平同志“画了一个圈”，由此确定了中国的发展方向：向东、向大海。此后，中国经济迎来长达 40 多年的黄金期，GDP 年均增速超 9%，中国成长为世界第二大经济体，并最终形成京津冀、长三角、粤港澳大湾区三大东部沿海增长极。

40 多年后，时代的罗盘指向中国西南。2020 年年初召开的中央财经委员会第六次会议提出，要推动成渝地区双城经济圈建设，在西部形成具有全国重要影响力的增长极，这就意味着中国发展方向从主要的向东、向大海，正在转变为“陆海内外联动、东西双向互济”的新开放格局。

前后 40 年，东西两个圈。习近平总书记亲自研究、亲自谋划、亲自部署，在把握大势的基础上统揽全局，在中国西部“画了一个圈”。这具有划时代的意义。在内部经济发展压力加大和外部风险挑战增多的背景下，将以成都、重庆双城为核心的成渝地区打造为继京津冀、长三角、粤港澳大湾区之后的“第四增长极”。如果从地图上将成渝地区与沿海三大增长极连点成线，会构成一个占全国经济总量七成以上的巨大菱形空间，形成“北有京津冀，东有长三角，南有粤港澳，西有成渝”的中国区域经济布局。这将有助于梯次实现先进生产力的有效牵引，最大限度地覆盖及拉动西部地区的发展，有效破解我国长期存在的区域发展不平衡不充分问题。

区域经济发展不平衡不充分问题一直是国家关注的重点。以胡焕庸线为界，长期以来，中国的经济重心一直集中在东部沿海地区。东南有以广州、深圳、香港、澳门为代表的粤港澳大湾区，东部有以上海为中心的长三角一体化区域，华北有京津冀协同发展区域、环渤海经济区，相较而言，祖国腹地深处的内陆地区一直都是发展的短板。最慢的舰往往决定舰队整体前进的速度，未来西部建设将会是决定国家发展的关键。

同时，东西部在不同维度上都存在着较大的差异，这在客观条件上拉大了东西部的差距：从地形地势来看，整个中国呈现由西向东逐渐下降的趋势；从海陆关系来看，西部是广袤的内陆，东部则濒临大海；从地域面积来看，西部广阔，东部相对狭窄；从人口分布来看，西部人口稀少，东部人口密集。近年来，由于中部崛起和“东中一体”步伐的加快，南北分化现象也不断加剧，内陆地区和沿海地区经济社会发展不平衡不充分问题变得更为突出。要解决这种不平衡不充分问题，我们就必须在欠发达地区构建起如同沿海三大经济圈一样的经济增长极来促进区域经济协调发展。于是党中央选择西部地区建设新的经济增长极便成了应有之义。那么，为什么是成渝地区？

以胡焕庸线陕西四川云南段为上线，连接成渝两个城市为下线，从地图上看，成都居中，从南北向挑起西安和昆明成“一”，从东西向看，成都居首，串联起重庆、贵阳和长沙成“I”，共同构成一个“T”字形的经济带。这个从西北向东南倾斜，直接覆盖中西部几个省和一个直辖市的大写意“T”字形经济带跃然在中国区域经济发展版图之上，中国区域经济发展出现了“新大陆”。

党的十八大以来，中国经济发展重心由东部沿海向中西部内陆区域延伸两千多公里，渐次过渡，在成渝地区以及西部内陆形成“T”形经济带。这一经济带的构建极大推进着西部经济一体化和国内外经济的高频互动，对增强中国经济的回旋空间和发展潜力，推动经济社会平衡发展形成十分重要的积极影响，是“一干多支”的经济学表达。

而成渝地区就是T形经济带中我国西部地区连接东西、沟通南北的重要战略区域。在历史上，成渝地区在保障国家战略安全、组织区域经济生产、大宗物资供应和长江上游生态安全屏障等方面，均承担着重要职责；在新时代，成渝地区在落实国家“一带一路”倡议、践行长江经济带绿色发展，构建国内国际双循环等方面，更是具有不可替代的重要地位。

悬子西部，尘埃落定，终究定于成渝。从国家大局出发，抓重点、抓要害，以点带面，重点突破，一子落，全局活，以成渝地区双城经济圈的发展来带动全国经济发展，以成渝地区双城经济圈的实践来破解中国发展的不平衡不均衡问题，以区域的高质量发展推动国家整体面上的高质量发展。

（三）棋落成渝，全局盘活

落子在九百六十万平方公里的大地上，不仅需要极大的战略魄力，更需要极其精准的战略眼光。棋落成渝，这片地处“一带一路”和长江经济带联结点的重要区域，就是盘活全局的关键所在。

从历史上的茶马古道到今日的西部陆海新通道、川藏铁路、沿江高铁、“一带一路”，成渝地区有着向西直达欧洲、向南连接南亚与东南亚的独特区位优势。俯瞰地图，多条国际物流大通道在成渝地区形成联结点：向东，长江黄金水道与中欧班列的联通实现“一带一路”与长江经济带的无缝衔接；向西，中欧班列可从成渝直达欧洲各国；向南，成渝直达新加坡等东盟国家的“陆海新通道”已常态化运行，实现丝绸之路经济带和21世纪海上丝绸之路在成渝地区的有机衔接；向北，通过国际班列直达俄罗斯的交通格局日趋稳固，成渝也将成为欧亚大陆的贸易中心门户，以及连接中南半岛和欧洲市场的双向开放枢纽。

“一带一路”连接东部和南部海洋边境与西北陆地，面向整个欧亚大陆。在共建“一带一路”的背景下，世界级城市群与都市圈的发展机会出现在我国西部。而成都、重庆在“一带一路”中处于非常重要的地位，其凭借地缘上的优势，让成渝地区成为开放的前沿地带。新一轮西部大开发、成渝地区双城经济圈建设等战略可增强成渝地区对“一带一路”合作伙伴的经贸合作辐射能力，川渝地区的发展也将受益于“一带一路”建设，以及西部陆海新通道、长江经济带、川藏铁路建设等国家战略。从西部大后方到开放新高地，成渝地区将成为新的战略支点，重塑川渝与中国西部、欧亚大陆之间的空间关系，推动新型全球化的实现。

从南到北，由西向东，成渝地区将来会完成三件大事：一是建设贯穿我国华北地区和西南地区的交通运输大通道，开辟面向东南亚地区的经贸新局面；二是建设连接长江中下游与青藏高原的大通道，激活我国国土东西方向上的大动脉；三是构建沟通西北（关中、兰州—西宁、天山北坡）和东南部（珠三角、北部湾）的国家能源大通道。

在不久的将来，成渝地区双城经济圈将作为深入中国腹地的一个经济板块，参与重塑国家经济地理面貌，共同形成陆海内外联动、东西双向互济的新发展格局；担起中国经济增长“第四极”的重担，成为新时代的战略大后方、高质量发展的增长极与新的动力源，构筑起向西开放的战略高地和国际竞争的新基地。

第二节｜从巴蜀历史渊源看成渝地区双城经济圈

巴山蜀水，自古川渝一家亲。地处长江上游水源地的千年文明古都成都，与两江交汇的美丽山城重庆，向来都是西部富庶之地，共享巴蜀悠久历史文化，犹如两颗璀璨的明珠，镶嵌于广袤的西部地带，恰似圣洁面庞上之双目，闪动着耀眼的光芒。同为千年古都城，共建成渝地区双城经济圈，成渝成为全国关注的焦点。下面我们将介绍成渝双城的“前世今生”，讲述川渝两地携手共进的发展故事与星燧贸迁的历史岁月。在不断向前的时间中，成都、重庆留下各个历史时期的时代印迹，一步步成长为今日的闪亮双星。

（一）巴山蜀水，川江一脉

川渝山水相连，共饮一江，人缘相亲，文化相融。成渝两地情缘可追溯至几千年前的巴国和蜀国。

公元前 11 世纪，周武王打败殷商后，把姬姓子弟分封在巴地，他们以重庆为首府建立巴国，后世称其子民为巴人。巴国大部分都城都在现在的重庆朝天门一带，极盛时期的巴国疆域主要以原来的重庆市为行政中心，管辖着川东、陕南、鄂西、湘西北和黔北等区域，如今巴国文化的遗迹在这些地方还时有发现。

距今约 4500 年至 3700 年前，成都平原已出现被后世称为“宝墩文化”的一系列古蜀先民的聚落中心。殷商晚期至西周初期，今成都一带已经成为古蜀王国的中心都邑所在地，并且是川西最繁荣的地区。如今的成都市区中心附近，极有可能就是古籍里所说的古蜀最后一个王朝“开明王朝”的国都。

时间继续往前走，到春秋战国时期，四川盆地逐渐形成巴文化与蜀文化两大区域的分布格局。今天以重庆与成都为中心的大小城镇群落网络体系，就是在巴、蜀两大古城市群基础上发展起来的，成渝两地至今仍保留着不少深受古巴蜀文化影响的历史痕迹。

（二）一脉两枝，各树一帜

重庆与成都这两座古巴蜀国的首府，各自都有着独特的发展历程，分别在历史长河中留下了光辉的痕迹。

公元前 316 年，秦灭巴国，设置巴郡。秦相张仪在长江和嘉陵江汇流处筑江州城（今江北嘴一带），作为巴郡治所。同年，秦国灭蜀，设置蜀郡，在蜀王旧都一带设成都县，为蜀郡治所。同时，仿照秦国都城咸阳的规制，修筑成都大城和少城，成都建城由此开始。

从汉朝到西晋，以重庆为中心的渝东、川北地区，沿袭秦制设置巴郡。西汉末年，成都成为仅次于长安的全国第二大手工商业都会。

东汉末年，川渝地区的郡县均归益州统辖，益州的治所设在成都。

三国时期，蜀国建都成都，成都成为西南地区的政治、经济、文化、军事中心。

隋朝时期，公元 581 年，隋文帝改楚州为渝州，重庆始简称“渝”。李白“夜发清溪向三峡，思君不见下渝州”的千古绝唱更是让渝州的名号响彻中华大地。隋文帝时期，成都经济发达、文化繁荣，位居全国四大名城（长安、扬州、成都、敦煌）中的第三位，农业、丝绸业、手工业、商业发达，造纸、印刷术飞速发展，其经济地位在历史上被称为“扬一益二”（扬州第一，成都第二）。

宋朝时期，公元 1189 年，宋光宗先封恭王，后即帝位，自诩“双重喜庆”，升恭州为重庆府，重庆由此得名，距今已有 800 余年。唐宋之时的成都，在东西南北都设有专门的蚕市、药市、花市、灯会。宋朝时由于商业发达，成都出现了世界上最早的纸币交子。宋元以后，成都长期保持四川乃至整个西南地区的政治、经济、文化、军事中心地位。

民国时期，重庆于 1929 年正式建市。1937—1946 年，重庆成为特别市（第一次成为直辖市）。成都则在辛亥革命后的 1914 年，由北京政府发布通令，废除成都府设治所，改称西川道，领成都、华阳等 31 县。1921 年，成都、华阳两县合并为市，成立市政筹备处，处以下设总处、文牍、法治、会计、调查、庶务六科。1922 年，市政筹备处改名为市政公所。1928 年，设市政公所为市政府，国民政府置成都市为省辖市和四川省省会。

新中国成立后，重庆作为中共中央西南局和西南军政委员会驻地，是西南地区政治、经济、文化中心，为中央直辖市（第二次成为直辖市）。1954 年西南大区撤销后，重庆改为四川省辖市。重庆在 1983 年率先成为全国经济体制综合改革试点城市，实行计划单列，赋予省级经济管理权限。此后，重庆经济发展加快，于 1992 年被国务院批准为沿江开放城市。1997 年 3 月 14 日，经第八届全国人民代表大会第五次会议审议批准，重庆正式成为中国第四个、西部地区唯一的直辖市（第三次成为直辖市），掀开了重庆建设与发展史上崭新的一页。2008 年三峡库区百万移民安置全部完成，孕育出“三峡移民精神”，及至后来的两江新区挂牌成立、智博会举行、成渝地区双城经济圈建设加快推进等，重庆正在不断谱写发展新篇章。

成都于 1949 年 12 月 27 日解放后，成为川西行署所在地。1952 年，成都撤销行署，恢复四川省建制，成都市一直为四川省省会。在国家“一五”计划、“二五”计划和“三线建设”推动下，迅速建立起相对完备的工业体系和国民经济体系，实现由传统手工业城市向工业城市转变。1989 年 2 月，经国务院批准，成都市的经济和社会发展计划在国家计划中实行单列，享有省级经济管理权限，成都成为全国 14 个计划单列城市之一。

从整体来说，成都在农耕时代平原有明显的优势，农业发达，被誉为“天府之国”，再加上成都的地理位置处于四川盆地的底部，背靠青藏高原，面朝蜀道天堑，因此一直是割据势力抗衡中央最好的地方。随着元明以后工商业开始发展，作为云贵川渝的门户——重庆的经济不断发展，大量云贵川渝的物资通过重庆朝天门，经三峡走向全国，在那时候，重庆就是西南地区首屈一指的城市。

成都和重庆两兄弟从起源到发展，经过长期的历史融汇与区域文化认同，日渐形成一个亲缘相近、刚柔相济、相辅相成的紧密共同体。

（三）双江交汇，成渝一体

流经成都平原的岷江与穿过重庆主城的嘉陵江最后都汇入滚滚长江之中。成渝地区的发展也是如此。成渝两地在历史上各自发展、各自精彩，但自古以来便具有广泛的共同社会基础和密切的经济联系。

以历史为佐证，鱼凫文化就是巴蜀文化同根同源、同质同体的最好证明之一。在三星堆遗址中发现的鸟头勺把，金沙遗址中发掘的金带上的纹饰由四组相同的图案组成，每组图案分别有一鱼、一箭、一鸟和一人面。三峡考古中，云阳李家坝墓葬有两条大鱼陪人殉葬，还有口含鱼的形象。这些都是鱼凫文化习俗在巴蜀两地共同交流的证据，是巴蜀相互认同、兄弟情谊的证明。

在文字记载中，川渝情谊也有例可援。“巴蜀”连称，最早出现在战国时期的《战国策》等文献中，到《史记》《汉书》里明确把“巴蜀”列为同风同俗的文化区域。在行政区域上，“巴蜀”的首次合体在公元前106年，汉武帝在全国设13州刺史部，四川在成都置益州刺史部，分管巴、蜀、广汉、犍为四部。元朝时期，历史上第一次正式设立四川省，重庆归属四川，行政区划上巴蜀再次合一，明、清亦一直沿袭，重庆府一直都是四川地区的一部分。成渝之间根脉与根系盘根错节，相扶相依。

新中国成立以来，在不同的发展阶段，国家因时制宜，制定不同的国家战略，从而对成渝地区产生了不同的政策效应，地区间的合并、分立和联合常常意味着进入了不同的发展阶段。具体表现为：第一阶段从新中国成立初期开始到 1997 年重庆成为直辖市结束。四川和重庆在这一时期联合组成大四川，共同经历“一五”计划、“二五”计划、“三线建设”等，由此打下了工业化和现代化的扎实基础，但改革开放后，在经济快速发展的同时也暴露出“东西部差距拉大”的问题。第二阶段从 1997 年重庆直辖开始到 2020 年宣布建设成渝地区双城经济圈结束。这一期间为解决大四川发展不充分和区域发展不均衡问题，在行政区划上，川渝正式分家，与此同时，“西部大开发”“一带一路”“长江经济带”“西部陆海新通道”等多项国家发展政策均向西部倾斜，四川和重庆成为在西部竞争和合作关系并存的双子星。第三阶段从 2020 年中央财经委员会第六次会议上习近平总书记作出战略部署，推动成渝地区双城经济圈建设开始至今。在国家战略的巨大赋能之下，四川和重庆开始由竞合关系再次向区域“命运共同体”转变，两地合力，共同打造中国经济第四极。成渝地区双城经济圈的提出和建设，使得川渝两地的经济地理从“分家”走向“合拢”、从“各自发展”走向“相向发展”、从“单个行政体”走向“命运共同体”。

岷江与嘉陵江在长江汇合，一体化建设的成渝地区双城经济圈也将协同并进，合力参与长江经济带建设，牵引长江经济带中另外三大城市群联动开发，推动长江经济带全面发展。成渝地区双城经济圈将成为推动中国区域协调发展的示范区。

第三节 | 从新发展格局看成渝地区双城经济圈

2020 年 1 月 3 日，在召开的中央财经委员会第六次会议上，推动成渝地区双城经济圈建设的意义表述是：有利于在西部形成高质量发展的重要增长极，打造内陆开放战略高地，对于推动高质量发展具有重要意义。仅仅时隔十个月，在 10 月 16 日召开的中央政治局会议上，表述更新为：推动成渝地区双城经济圈建设，有利于形成优势互补、高质量发展的区域经济布局，有利于拓展市场空间、优化和稳定产业链供应链，是构建以国内大循环为主体、国内国际双循环相互促进的新发展格局的一项重大举措。新的表述中着重强调成渝地区双城经济圈建设对解决区域发展不均衡问题与促进高质量发展的意义。从新发展格局入手，全盘考虑，这将有助于我们理解建设成渝地区双城经济圈的深刻意义。

（一）发展失衡，时代呼唤

中国幅员辽阔、人口众多，地区间地理环境和自然资源禀赋相差甚远，这种差异在自然地势上展现得尤为明显：西部地区是地势较高的高原区，中部地区是平均海拔 2 000 米左右的草原、沙漠和山地，沿海地区是经济密度和人口密度最大的平原和丘陵。地理格局对人类社会经济活动起着决定性的影响，而人类目前也难以大幅度地改变其对人类经济社会活动的影响。因此，我国长期以来始终面临发展不平衡不充分的挑战，其中东中西部区域经济发展失衡的挑战格外突出。

势在人为，谋时而动。党中央应时顺势，针对每个时期的国家发展总体战略，在空间范围上对我国生产力布局进行多次重大调整：一是“一五”时期，苏联援建的 156 项重点工程，有 70%以上布局在北方，其中东北地区就占 54 项；二是毛泽东同志在《论十大关系》中提出正确处理沿海工业和内地工业的关系，于 20 世纪 60 年代中期开展“三线”建设；三是改革开放以后，推行设立经济特区、开放沿海城市等一系列重大举措；四是 20 世纪 90 年代中后期以来，在坚定鼓励东部地区率先发展的同时，相继作出实施西部大开发、振兴东北地区等老工业基地、促进中部地区崛起等重大战略决策；五是党的十八大以来，党中央提出京津冀协同发展、长江经济带发展、共建“一带一路”、粤港澳大湾区建设、长三角一体化发展等区域发展战略方针。2020 年，国家又接连作出抓好黄河流域生态保护和高质量发展、大力推动成渝地区双城经济圈建设以及新时代推进西部大开发形成新格局的多项重大战略部署。

时代呼唤，人民殷切，国家发展规划再次指向西部，西部发展将登上新的台阶。2020 年 1 月 3 日，中央财经委员会第六次会议召开，会上研究讨论黄河流域生态保护和高质量发展问题、推动成渝地区双城经济圈建设问题。会议结束后，成渝地区双城经济圈建设正式出台并上升成为国家战略，成渝地区也站上新的起跑线，迎来历史性的发展机遇。这是习近平总书记多次实地考察，研究谋划、决定部署的重大战略，既是为推动成渝地区双城经济圈建设提供的“国家方位”与“国家赋能”，也是为我国经济高质量发展，立足区域协调战略布局、立足新时代西部发展打出的一张“国家牌”。至此，成渝地区双城经济圈成为与粤港澳大湾区、长三角一体化并肩的国家重大战略。

（二）承前启后，内外联动

从全国大局出发，时间和空间两大作用力相互交织，共同构筑新时代成渝地区的崭新内涵。从历史方位看，成渝地区双城经济圈是继承和发展“三线建设”、西部大开发等国家战略以及破解发展不充分不平衡的关键战略；从空间格局看，成渝地区双城经济圈又处于“东西双向互济、陆海内外联动”的国家西向、南向开放的关键枢纽。成渝地区上承历史上西部建设的基础，下启新一轮西部大开发的巨幕，融入国内大循环为主体、国内国际双循环的新发展格局，成渝地区双城经济圈正处于时代浪潮之巅。

改革开放以来，中国主要依靠东部沿海地区融入全球经济，由于地理区位制约，我国西部地区一直相对滞缓。与此同时，相较于欧美日韩等发达国家则以中高端制造业和高端服务业为主，尽管我国产业主要集中在中低端制造业，但由于国内生产力飞快发展，凭借这种单纯依靠出口的“外循环”模式，仍推动中国成为世界第二大经济体。但随着中国进入新发展阶段，这种模式已经难以为继，我国的经济空间布局迫切需要做出相应调整变化，寻找新突破口，走上可持续发展道路。

基于目前复杂多变的世界局势，国内外环境发生显著变化的大背景，党中央作出构建新发展格局的重大战略部署。党的二十大报告提出，要加快构建以国内大循环为主体、国内国际双循环相互促进的新发展格局；同时还指出，要把实施扩大内需战略同深化供给侧结构性改革有机结合起来，增强国内大循环的内生动力和可靠性。“双循环”从内循环与外循环出发，以国内大循环为根本主体，构建起国内国际双循环体系结构。“双循环”格局不仅能推动我国开放型经济向更高层次发展，更能在国际环境发生剧变的情况下，保障国家经济安全、拓展经济发展空间。

从成渝地区双城经济圈角度看，就目前我国经济发展结构而言，京津冀、长三角、珠三角都是外向型经济，如果国际形势发生较大变化，外向型经济容易受到国际环境冲击，产生一定程度的负面影响。尽管三大经济圈内部会积极化解危机，平稳着陆，但一定时期内仍会影响经济的平稳运行。假如中国仅依赖于外向型经济，势必会对国家的经济安全造成威胁。而西部地区尤其是成渝地区一旦崛起，将与京津冀、长三角、珠三角形成闭环，实现人流、物流、资金流、信息流互联互通的“内循环”格局，外部的国际环境对中国经济运行的碰撞会得以缓解，使中国经济发展有更大的回旋空间。

成渝地区不仅是“双循环”的关键参与者，也是构建“双循环”

格局的重要促进者。

从国内循环看，激活并满足内需，不但是应对当前挑战的现实需求，更是着眼未来的长远之计。习近平总书记看望参加全国政协十三届三次会议的经济界委员时强调，面向未来，我们要把满足国内需求作为发展的出发点和落脚点。要激活内需，促进不同区域之间的“内循环”，成渝地区无疑是重点所在。“内循环”的重点之一是居民消费，在西部近 4 亿人口的大市场中，仅成渝地区就坐拥 1 亿人口，且居民消费意愿较强，历来是消费娱乐比较发达的地区，具有巨大市场空间和消费潜力。

再者，川渝深处内陆腹地，距海岸较远，位于整个国家的战略纵深之中，一直都是国家建设的战略要地。当年，“三线建设”的重点之一就落脚于此。现在，国际形势发生深刻复杂变化，成渝地区仍将继续担负起“新三线建设”的历史重任。前后逾百年，成渝地区仍是坐镇西南，拱卫国家发展的坚实后盾。推动成渝地区双城经济圈建设，将国家新的增长极布局于此，可以在引领中国西部地区发展的同时，很大程度上确保国家经济安全，更将极大拓展全国经济增长新空间。

从国际循环看，西部地区的崛起能面向欧亚大陆桥促进开放，加强中国与“一带一路”国家之间的“经济循环”。改革开放 40 多年来，对外开放一直是支撑中国经济发展的重要动力之一。在经济增长“三驾马车”中，出口一直贡献巨大，不仅对东部沿海的高速发展起到支撑性作用，也成为推动国家经济强势发展的重要力量。未来中国改革开放的大门会越开越大，传统的东部沿海开放已不能满足中国发展的需求，“一带一路”、西部陆海新通道等将成为中国参与国际循环的重要组成部分，而位于关键节点的成渝地区将展现出自身的优势。当前，世界局势复杂多变，东部沿海地区出口型企业遭受严峻挑战，订单下滑，但在西部内陆，中欧班列（成都）并未受此影响，不仅在疫情期间保持常态化运行，多项数据较上一年同期还出现较大幅度增长。在复杂多变的世界局势下，依托成渝地区的区域优势，可以有效增进与中东欧国家、欧盟国家以及东南亚国家间的经贸联系。此外，成渝地区还可以承接一部分东部转移的产业，将部分产业链、供应链落地到西部，在承担一部分“外循环”重任的同时，还能为壮大“内循环”做增量。

成都重庆双向互动，国内国际循环连通。在以国内市场为主体，国内国际双循环格局下，加快建设成渝地区双城经济圈，是确保国家经济安全，逐步形成新发展格局的必经之路。

（三）把握要义，精准发力

把握要义，方能理清思路；精准发力，一一解决成渝地区双城经济圈建设中面临的各项问题。我们要深刻领会国家赋予成渝地区双城经济圈建设的战略新定位中所蕴含的深意和新意，认识到国家谋划成渝地区未来发展的重要方向指引的科学性。我们准确把握中央重大决策部署的战略内涵，需要从以下六点要义入手（见表 1-1）。

表 1-1 成渝地区双城经济圈建设基本内容

战略名称	成渝地区双城经济圈建设战略
战略出台	2020 年 1 月 3 日举行的中央财经委员会第六次会议，研究黄河流域生态保护和高质量发展问题、推动成渝地区双城经济圈建设问题。习近平总书记在会上发表重要讲话强调，黄河流域必须下大气力进行大保护、大治理，走生态保护和高质量发展的路子；要推动成渝地区双城经济圈建设，在西部形成高质量发展的重要增长极。
战略定位	尊重客观规律，发挥比较优势，推进成渝地区统筹发展，促进产业、人口及各类生产要素合理流动和高效集聚，强化重庆和成都的中心城市带动作用，使成渝地区成为具有全国影响力的重要经济中心、科技创新中心、改革开放新高地、高品质生活宜居地，助推高质量发展。
战略任务	1. 加强交通基础设施建设。 2. 加快现代产业体系建设。 3. 增强协同创新发展能力。 4. 优化国土空间布局。 5. 加强生态环境保护。 6. 推进体制创新。 7. 强化公共服务共建共享。

（1）成渝地区双城经济圈建设是中央着眼全局、科学精准的战略设计，规划内容充分反映出成渝城市群的客观实际与现实差异。中央对四大城市群建设的战略谋划，都着眼于构建高质量发展的区域空间布局，推动国家区域协调发展大局，又从各城市群实际出发，具有不同的战略考量、战略定位和战略关切。

（2）在西部形成高质量发展重要增长极的核心定位与长三角城市群建成“全国发展强劲活跃增长极”形成重要呼应，是国家战略决策意图与成渝地区战略使命的凝练表达。既表明中央希望成渝地区形成以城市群为主要形态的增长动力源，带动西部乃至全国高质量发展的决策初衷，也体现与现有国家重大区域、流域发展战略的有机衔接。成渝城市群、长三角城市群、长江中游城市群作为长江经济带规划的三大增长极，共同负有带动长江全流域、联动东中西协调发展的战略使命。

（3）具有全国影响力的“两中心两地”的基本定位，表明中央支持推动成渝地区更高质量发展的战略决心，也提出充分发挥比较优势、全面挖掘高质量发展动力源的更高要求。长期以来，成渝地区是西部发展的龙头。中央财经委第六次会议提出“两中心两地”定位将其提升到具有全国影响力的新层次。从西部中心到全国中心，意味着成渝地区在发挥西部经济龙头带动作用的同时，助力国家经济发展。成渝地区将站在科技创新、制度创新和新时代对外开放最前沿，代表西部及更广阔区域参与国际经济科技竞争与合作。

（4）鲜明赋予“改革开放新高地”地位，使成渝地区在我国改革再出发、开放再扩大背景下占据有利位势，拥有内陆改革开放先行先试的广阔空间。成渝地区历史性地站在新时代改革开放策源地、最前沿位置，将肩负起为治理体系和治理能力现代化打头阵、为全方位开放当门户的光荣战略使命。

（5）打造“高品质生活宜居地”与赋予粤港澳“宜居宜业宜游的优质生活圈”的定位相似，体现了以人民为中心的发展思想，也蕴含着增强西部优势地区人口和经济承载力的战略考量。成渝地区本身对科技人才等要素富有吸引力，建设高品质生活宜居地，更有利于促进人口和经济元素向西部优势区域集中集聚，吸收周边人口特别是生态功能区人口向成渝城市群有序转移，从而极大地促进我国人口的合理布局。

（6）唱好“双城记”战略的实施路径，关键在于“一体化发展”。中央财经委员会第六次会议指出，成渝地区双城经济圈建设是一项系统工程，要加强顶层设计和统筹协调，突出中心城市带动作用，强化要素市场化配置，牢固树立一体化发展理念，做到统一谋划、一体部署、相互协作、共同实施，唱好“双城记”。加强交通基础设施建设，加快现代产业体系建设，增强协同创新发展能力，优化国土空间布局，加强生态环境保护，推进体制创新，强化公共服务共建共享。

第四节 | 从双城经济圈沿革看成渝地区双城经济圈

巴山蜀水，自古云岭相隔，交通不便。两地仅仅相距约 340 公里，但一路上跋山涉水，道路艰险。1933 年，成渝之间终于建成第一条公路——成渝公路，当年号称“西南第一路”。即便这样，到抗战时期，来往一次，路途仍要花费两到三天的时间。成渝地区的空间阻隔从新中国成立后一直备受关注，国家也在加大对成渝交通建设的投入。1952 年 7 月 1 日，中国境内一条连接四川省与重庆市的国铁Ⅰ级客货共线铁路——成渝铁路建成通车；2015 年 12 月 26 日，成渝高速铁路开通运营，时速 300 千米/小时，成都至重庆的时间由近 2 小时缩短至 1.5 小时；2020 年 12 月 24 日，成渝高速铁路提速至 350 千米/小时，成都至重庆的时间缩短至 62 分钟，实现成渝间高速铁路公交化运营 1 小时通达，时空距离在不断拉近，成渝联系逐步加强。成都与重庆形成以 1 小时通勤圈为基本范围的城镇化空间形态，为现代成渝的高质量发展奠定基础，两地铁路交通建设的历程，也成为成渝地区在未来合作发展之路上的缩影。

（一）成渝地区双城经济圈形成的五个阶段

从成渝两座城市到成渝经济区，再到成为成渝城市群，历经省市、国家部委、国务院、中央多个层面的迭代升级，从时间尺度上大致可以划分为五个阶段（见表 1-2）。

表 1-2　成渝合作发展的时间线梳理

2001 年	两地签订《重庆—成都经济合作会谈纪要》，提出携手打造“成渝经济走廊”
2003 年	中国科学院地理科学与资源研究所在《中国西部大开发重点区域规划前期研究》首次提出成渝经济区的概念
2004 年	国务院西部开发办规划组在《中国西部大开发中重点经济带研究》中指出：长江上游经济带的空间布局特征是“蝌蚪型经济带”，区域中心是成渝经济区
2004 年	四川省与重庆市签署《关于加强川渝经济社会领域合作共谋长江上游经济区发展的框架协议》
2006 年	国务院常务会议审议并原则通过《西部大开发“十一五”规划》。成渝地区被列为率先发展的重点经济区
2007 年	四川省与重庆市签署《关于推进川渝合作共建成渝经济区的协议》提出打造中国经济增长“第四极”的目标
2008 年	国家发改委成立《成渝经济区发展规划》编制工作组
2008 年	川渝两省市签署《关于深化川渝经济合作框架协议》，标志着川渝合作共建成渝经济区进一步深化
2010 年	《成渝经济区区域规划》经国家发改委审议通过
2011 年	国务院常务会议同意批复《成渝经济区区域规划》
2016 年	国务院批复同意《成渝城市群发展规划》

表1-2(续)

2016 年	国家发改委、住建部联合印发《成渝城市群发展规划》
2020 年	中央财经委员会第六次会议研究推动成渝地区双城经济圈建设问题，中央就成渝地区双城经济圈建设作出重大决策部署
2020 年	中央政治局召开会议审议《成渝地区双城经济圈建设规划纲要》
2021 年	中共中央、国务院印发了《成渝地区双城经济圈建设规划纲要》

第一个阶段，成渝经济走廊的提出。1997 年，重庆成为直辖市，虽然成都和重庆所在行政区划范围不同，但合作愿望从未间断。2001 年，成渝签订《重庆—成都经济合作会谈纪要》，首次提出“成渝经济走廊”概念。在西部大开发战略实施过程中，成渝合作上升为决策层的共识和行动，重点加强交通、旅游、农业、文化等领域的合作。

第二个阶段，提出成渝经济区设想。2003 年，中国科学院地理科学与资源研究所在《中国西部大开发重点区域规划前期研究》中首次提出成渝经济区的概念。2004 年，2 月 3 日，四川省在成都签署《关于加强川渝经济社会领域合作共谋长江上游经济区发展的框架协议》和交通、旅游、农业、公安、文化、广播电视 6 个方面的具体协议，标志着整个四川成渝经济区建设，进入一个崭新的历史阶段。2006 年，国家西部大开发“十一五”规划出台，明确提出建设成渝经济区。

第三个阶段，成渝经济区建设阶段。2011 年，成渝经济区区域规划获批，成渝经济区建设由此启程。成渝经济区区域规划是国家深入实施西部大开发、促进区域协调发展的重大举措，这一点在规划内容中得以体现：从空间范围来看，成渝经济区包括重庆市的 31 个区县，四川省的成都、德阳、绵阳、眉山、资阳、遂宁、乐山、雅安、自贡、泸州、内江、南充、宜宾、达州、广安 15 个市，区域面积 20.6 万平方公里；从战略定位来看，成渝经济区要建设成为西部地区重要的经济中心、全国重要的现代产业基地、深化内陆开放的试验区、统筹城乡发展的示范区和长江上游生态安全的保障区；从战略使命来看，成渝经济区自然资源禀赋优良，产业基础较好，城镇分布密集，交通体系完整，人力资源丰富，是我国重要的人口、城镇、产业集聚区，是引领西部地区加快发展、提升内陆开放水平、增强国家综合实力的重要支撑，在我国经济社会发展中具有重要的战略地位；从城市定位来看，成都和重庆是成渝经济区发展的“双核”。

第四个阶段，成渝城市群正式亮相。2016 年 3 月 30 日，国务院常务会议通过《成渝城市群发展规划》。这一规划给成渝发展释放新信息：从空间范围来看，成渝城市群包括重庆市的 27 个区（县）以及开县、云阳的部分地区，四川省的成都、自贡、泸州、德阳、绵阳（除北川县、平武县）、遂宁、内江、乐山、南充、眉山、宜宾、广安、达州（除万源市）、雅安（除天全县、宝兴县）、资阳 15 个市，总面积 18.5 万平方公里；从战略定位来看，成渝城市群是以建设具有国际竞争力的国家级城市群为目标，全面融入“一带一路”和长江经济带建设，打造新的经济增长极；从空间格局来看，成渝城市群发挥重庆和成都双核带动功能，重点建设成渝发展主轴、沿长江和成德绵乐城市带，促进川南、南遂广、达万城镇密集区加快发展，构建“一轴两带、双核三区”空间。

第五个阶段，成渝地区双城经济圈建设上升为国家战略。2020

年1月3日，中央财经委员会第六次会议研究黄河流域生态保护和高质量发展问题、推动成渝地区双城经济圈建设问题。习近平总书记在会上发表重要讲话强调，黄河流域必须下大气力进行大保护、大治理，走生态保护和高质量发展的路子；要推动成渝地区双城经济圈建设，在西部形成高质量发展的重要增长极。2020年10月16日，中央政治局召开会议审议《成渝地区双城经济圈建设规划纲要》。会议要求，成渝地区应牢固树立一盘棋思想和一体化发展理念，健全合作机制，打造区域协作的高水平样板。2021年10月20日，中共中央、国务院印发《成渝地区双城经济圈建设规划纲要》。《规划纲要》提出，推动成渝地区形成有实力、有特色的双城经济圈，打造带动全国高质量发展的重要增长极和新的动力源，建设具有全国影响力的重要经济中心、科技创新中心、改革开放新高地、高品质生活宜居地。

（二）成渝地区双城经济圈发展的五个维度

成渝这对长江上游的“双子星”城市，从历史深处走来到上演当代“双城记”，从两个城市的合作发展到一个城市群的形成，合作发展的内涵不断演化，合作发展的趋势逐步增强，合作发展的能级接连提升，具体可从五个维度进行梳理分析。

（1）在时间跨度上，自2001年成渝经济走廊概念首次提出，到2020年成渝地区双城经济圈建设国家战略出台，成渝合作发展经历经济走廊→经济区→城市群的多阶演变过程，遵循并顺应区域经济发展演进规律，最终上升为国家战略。这一进程的产生，既源于积累较好的区域发展基础，也存在着历史必然性。

（2）在区域范围上，界定成渝城市群覆盖范围依据是《成渝城市群发展规划》。依据规划，囊括范围包括重庆全域、成都市以及四川德阳、绵阳、乐山、眉山、资阳、内江、宜宾、泸州、自贡 11 个城市。相较成渝经济区的 20.6 万平方公里而言，区域面积“精减”到 18.5 万平方公里。规划仍是以成都、重庆为双核，两地占据四川和重庆总面积的 30%，经济总量占到 70%以上。

（3）在发展趋势上，成渝地区双城经济圈发展路径，是中央财经委员会第五次会议所提出内容的深化推进。会议指出：“经济发展的空间结构正在发生深刻变化，中心城市和城市群正在成为承载发展要素的主要空间形式。”这一表述就是成渝发展历程的凝练表达。从双核城市发展到一个城市群，成渝地区合作历经从点到线、再到面，并走向全方位合作的发展路径。

（4）在发展内涵上，成渝地区双城经济圈规划建设，更加实事求是、更加注重针对性，强调围绕成都和重庆两大中心城市来发展，形成彼此独立但又相互支持的都市经济圈。规划建设结合成渝客观实际，直面发展难题：虽然成渝之间的核心城市已有高铁高速相连，但区域内节点城市的交通条件并不均衡，建立经济联系存在困难；成渝城市群中，各个城市之间的经济要素与人力资本等都存在要素条件的差异，实现城市群共同发展还有很大难度。正视问题，是解决问题的开始。一切从实际出发，总会有办法解决问题。成渝地区规划建设走各自先发展、再进行整合的“两步走”策略，显然更符合现实情况。

（5）在发展能级上，国家战略定位将有力地扫除壁垒。国务院批复《成渝城市群发展规划》以来，成渝城市群发展提速，在推进西部大开发、促进区域协调发展中发挥重要作用。但与京津冀、长三角、珠三角等城市群相比，成渝地区还需加快追赶的步伐，这就需要国家层面统筹解决一些困难和问题，需要加大国家层面统筹力度、研究制定支持成渝城市群一体化发展的指导意见和支持政策，加强规划引领，突出重大项目支撑带动。国家层面赋能加强，将使成渝地区与三大经济区域并驾齐驱，变成一个可以预期的目标。

第二章《成渝地区双城经济圈建设规划纲要》分章解读

本章对《规划纲要》进行分章解读，深入挖掘其背后的意义。

2020年1月3日，中央财经委员会第六次会议召开，成渝地区双城经济圈建设上升成为国家战略。2021年10月，中共中央、国务院正式印发《规划纲要》，短短不到两年时间，成渝地区双城经济圈战略定位再次被“刷新”。《规划纲要》针对成渝地区双城经济圈建设所面临的诸多问题，在各章节内容中分别进行解答，为未来成渝地区发展提供根本遵循和重要指引。本章通过对《规划纲要》进行分章解读，重温这些问题的答案，深入挖掘答案背后的意义，以期更好地参与构建成渝地区双城经济圈，发挥《规划纲要》的现实价值。

第一节 | 解读“第一章规划背景”

规划背景是绘制发展蓝图的基础，也是解答问题的依据。《规划纲要》将其居于首章，并于此章集中回答以下问题：

- 为什么要建设成渝地区双城经济圈
- 成渝地区双城经济圈在国家总体发展中的定位是什么
- 与其他先发地区相较如何
- 成渝地区双城经济圈对川渝地区有什么作用
- 川渝地区应该如何“乘势而上”推动两地发展

知所从来，方明所去，只有弄清建立成渝地区双城经济圈缘由，才能贯彻落实国家层面的战略部署，从而更有方向、更有效率、更快速度地推进成渝地区双城经济圈建设。

成渝地区双城经济圈建设，与我国面临的复杂国内外背景紧密相关。立足新发展阶段，贯彻新发展理念，构建新发展格局，推动高质量发展，“三新一高”已经成为我国今后一段时间发展的逻辑主线。在世界格局发生深刻变化的同时，实现百年奋斗目标需要一个更加稳定的内外环境，来避免外界过多扰乱国内发展。解决这个问题的重点就是要在以国内大循环为主体、国内国际双循环相互促进的新发展格局里，去建设成渝地区双城经济圈。以前，说到发展方式，都是往外看，“向东”“向大海”，现在要倒回来，向内看，对我们的消费、内需、产业进行一个新的调整。成渝地区首先从内循环做起，然后以内循环去支撑我们参与到国内国际的双循环中。由此，将四川、重庆经济社会发展的精彩成果同外界进行交流，并把外界的一些资源和要素与内部交互融通，循环往复，进而聚集更多外部资源来助推成渝地区双城经济圈发展。

成渝地区双城经济圈将在西部发展历史上，在国家开启社会主义现代化建设新征程道路上，发挥应有的作用，绽放耀眼的光芒。从过去看，成渝地区事实上已成为中国经济发展的定盘星，而从长远来讲，成渝地区双城经济圈会改变成渝地区乃至西部区域的经济能级和发展水平，成长为带动全国高质量发展的重要增长极和新的动力源。成渝地区的未来发展会为国家解决东部、中部、西部发展不均衡的问题提供新方案，为全面建设社会主义现代化国家新征程供给新动能。从这个意义来讲，成渝地区双城经济圈承载着若干国家使命。

建设成渝地区双城经济圈包含四川、重庆乃至西部的许多地区发展的热望，也是西部地区人民对国家全面复兴的责任和义务。成渝地区双城经济圈战略规划顺应新时代发展要求和人民自身发展意愿，高度契合国家战略、区域发展目标，乃至四川省“一干多支、五区协同”的区域发展新格局。

与国内先发地区相比，成渝地区双城经济圈具有“后发优势”。从改革开放40多年发展来看，我国基本形成以东部、东北、中部、西部四大板块为基石，以京津冀协同发展、粤港澳大湾区、长三角区域一体化、长江经济带等重大区域战略为引领的区域发展模式。其中，长三角、粤港澳、京津冀三大经济圈作为改革开放的第一批受益者，应该说是改革开放的“宠儿”。三大经济圈从起步阶段就要远早于成渝地区，因此现在不管是经济总量，还是发展水平，都比成渝地区略高一筹。但是，成渝地区的“后发”恰恰也是某种意义上的优势。因为成渝可以吸收先行地区经验，少走一些弯路，在新发展理念下，高质量发展，高点起跳，从容迈步。同时，在构建以国内大循环为主体、国内国际双循环相互促进的新发展格局背景下，内陆地区依托新的全球化，可以发挥出成渝区域的独特优势。从这个角度来讲，成渝地区双城经济圈建设将会在三大经济圈以往基础上迭代提升、加速运行。这一轮经济圈建设所需时间不用40年，很可能三年出形象、五年展风采，立刻就见效。从这样一个视角去观察并分析，成渝地区双城经济圈显然具有“后发”优势。

对成渝地区来说，应该把成渝地区双城经济圈作为一个重中之重的工作来抓来干。事实上，成渝双城经济圈将对政府工作提出更高要求，如政策赋能方面，就需要构建一些包括金融配套、人才供应等方面的完善体制机制。这些要求的实现会是未来成渝地区双城经济圈发展需要克服的难点所在。在如今错综复杂的国际环境和国内发展的新任务新要求背景下，成渝不能走过去那种粗放型发展路线，而是要按照高质量发展理念来筹划建设，什么“菜”可以放到筐里，什么项目可以装进发展的“篮子”里，都要符合总体规划与时代要求。所以在做顶层设计时，就要遵照高质量发展和现代化发展要求制定规划，这是需要着重把握的第一个重点。

第二个重点是，要高水平保障这些规划的执行与落实，需从政策供应、机制创新、人才培养等维度去相应提升人才能级、环境能级、文化能级、城市软硬件等多方面的指标。扬长更需补短，均衡发展才能行稳致远。与东部沿海城市相比，成渝地区还需补齐交通基础设施欠账。成渝地区交通设施建设会为区域经济发展铺路架桥，便捷的交通能带来人员交流的通畅、信息资源交互的快捷，能对整个地区发展起到很大帮助。除交通问题以外，还有其他方面问题也制约着成渝地区的发展步伐，这些都是需要下大功夫去解决的。

总之，成渝地区双城经济圈是与“三线建设”比肩的国家战略，也是改革开放以来，成渝地区最大的、最好的、最有政策含金量的一个国家战略。从现有基础看，成渝地区双城经济圈已成为保障国家经济社会运行的“压舱石”，如川藏铁路和沿江高铁等重大交通基础设施项目相继释放动能，不断赋能经济发展，正推动中国西部经济巨轮乘风破浪、行稳致远。成渝地区应该把握好当前机遇，严格遵循

《规划纲要》明确的目标方向，落实《规划纲要》列出的九大任务，从产业互补、科技创新、生态环境、对外开放等多个层面，打造带动全国高质量发展的重要增长极和新的动力源。

▷▷▷ **纲要原文**

前言

党中央、国务院高度重视成渝地区发展。2020 年 1 月 3 日，习近平总书记主持召开中央财经委员会第六次会议，作出推动成渝地区双城经济圈建设、打造高质量发展重要增长极的重大决策部署，为未来一段时期成渝地区发展提供了根本遵循和重要指引。

成渝地区双城经济圈位于“一带一路”和长江经济带交汇处，是西部陆海新通道的起点，具有连接西南西北，沟通东亚与东南亚、南亚的独特优势。区域内生态禀赋优良、能源矿产丰富、城镇密布、风物多样，是我国西部人口最密集、产业基础最雄厚、创新能力最强、市场空间最广阔、开放程度最高的区域，在国家发展大局中具有独特而重要的战略地位。为加强顶层设计和统筹协调，加快推动成渝地区形成有实力、有特色的双城经济圈，编制本规划纲要。

规划范围包括重庆市的中心城区及万州、涪陵、綦江、大足、黔江、长寿、江津、合川、永川、南川、璧山、铜梁、潼南、荣昌、梁平、丰都、垫江、忠县等 27 个区（县）以及开州、云阳的部分地区，四川省的成都、自贡、泸州、德阳、绵阳（除平武县、北川县）、遂宁、内江、乐山、南充、眉山、宜宾、广安、达州（除万源市)、雅安（除天全县、宝兴县)、资阳等 15 个市，总面积 18.5 万平方公里，2019 年常住人口 9 600 万人，地区生产总值近 6.3 万亿元，分别占全国的 1.9%、6.9%、6.3%。

本规划纲要是指导当前和今后一个时期成渝地区双城经济圈建设的纲领性文件，是制定相关规划和政策的依据。规划期至 2025 年，展望到 2035 年。

第一章　规划背景

“十三五”以来，成渝地区发展驶入快车道。中心城市辐射带动作用持续提升，中小城市加快发展，基础设施更加完备，产业体系日渐完善，科技实力显著增强，内需空间不断拓展，对外交往功能进一步强化。到 2019 年，地区生产总值年均增长 8%以上，社会消费品零售总额年均增长 10%以上，常住人口城镇化率超过 60%，铁路密度达 3.5 公里/百平方公里，机场群旅客吞吐量超过 1 亿人次，常住人口规模、地区经济总量占全国比重持续上升，呈现出重庆和成都双核相向发展、联动引领区域高质量发展的良好态势，已经成为西部地区经济社会发展、生态文明建设、改革创新和对外开放的重要引擎。与此同时，成渝地区综合实力和竞争力仍与东部发达地区存在较大差距，特别是基础设施瓶颈依然明显，城镇规模结构不尽合理，产业链分工协同程度不高，科技创新支撑能力偏弱，城乡发展差距仍然较大，生态环境保护任务艰巨，民生保障还存在不少短板。

当今世界正经历百年未有之大变局，新一轮科技革命和产业变革深入发展，国际分工体系面临系统性调整。我国已转向高质量发展阶段，共建“一带一路”、长江经济带发展、西部大开发等重大战略深入实施，供给侧结构性改革稳步推进，扩大内需战略深入实施，为成渝地区新一轮发展赋予了全新优势、创造了重大机遇。在这样的背景下，推动成渝地区双城经济圈建设，符合我国经济高质量发展的客观要求，是新形势下促进区域协调发展，形成优势互补、高质量发展区域经济布局的重大战略支撑，也是构建以国内大循环为主体、国内国际双循环相互促进新发展格局的一项重大举措，有利于在西部形成高质量发展的重要增长极，增强人口和经济承载力；有助于打造内陆开放战略高地和参与国际竞争的新基地，助推形成陆海内外联动、东西双向互济的对外开放新格局；有利于吸收生态功能区人口向城市群集中，使西部形成优势区域重点发展、生态功能区重点保护的新格局，保护长江上游和西部地区生态环境，增强空间治理和保护能力。

第二节 | 解读“第二章总体要求”

《规划纲要》第二章对成渝地区双城经济圈发展提出总体要求，明确成渝地区双城经济圈的指导思想、主要原则、战略定位、发展目标四个方面的内容，是整个《规划纲要》的核心和精华所在。尤其是《规划纲要》内容明确规定成渝地区双城经济圈在新发展格局中的定位，以及成渝地区双城经济圈的着力方向和实现路径，为《规划纲要》第三章至第十一章提出的九大任务提供了根本遵循，是提纲挈领的核心章节。

从指导思想看，成渝地区双城经济圈建设是习近平总书记亲自谋划、亲自部署、亲自推动的国家重大区域发展战略。成渝地区双城经济圈这一国家手笔，对于中国应对复杂严峻的外部挑战、增加国家政治经济的回旋空间、提升民族自信心有巨大的作用。当前外部环境错综复杂，全球新冠病毒感染疫情仍不稳定，“外防输入、内防反弹”还需坚持；宏观经济层面则反映出世界经济和我国经济下行压力不减，经济发展还面临需求收缩、供给冲击、预期转弱三重压力冲击；同时“逆全球化”趋势不断蔓延，对外开放合作空间受到挤压。

而在这种局势下，发布《规划纲要》，体现出成渝地区作为中国西部大后方支撑国家应对国内国际形势，发挥着重要“回旋空间”作用。

从主要原则看，成渝地区双城经济圈集中体现“创新、协调、绿色、开放、共享”五大新发展理念。一是强调区域和城市之间协同联动的发展模式，鼓励不同规模能级城市之间、城乡之间协调发展，成都和重庆两个特大城市互动发展，从而实现整个区域格局优化和重塑。二是强调市场和政府之间的关系调整优化，支持地方政府更多地发挥创新政策支持区域在经济社会发展方面的作用。以体制机制创新，推动成渝地区科技创新水平和对外开放水平相继提升，以政府有形的手和市场无形的手共同协作，提高区域运行效率。三是强调生态保护和绿色发展理念，要在保护中开发，在开发中保护，改进开发模式，使得农田、林地、水系、山地等生态资源实现可持续发展。在成渝地区双城经济圈的国土空间开发中遵循绿色原则，率先在西部地区探索出绿色低碳的发展模式。四是强调通过发展来增进民生和社会福祉。发展成渝地区双城经济圈的目的是让当地人民群众过上更好的生活，因此必须要以人民为中心来搞发展。五是强调国家层面的统筹和区域层面的协同。在顶层设计、规划建设、机制沟通、工作接驳等方面要有“一盘棋”思路。

从战略定位看，成渝地区双城经济圈将肩负更多国家战略意图的使命。一是要建设具有全国影响力的重要经济中心。通过构建现代化产业体系实现错位发展、优势互补、补链强链、补短板和锻长板，把电子信息、生物医药、高端制造等产业做大做强，形成带动整个区域发展的经济增长极核。二是要打造具有全国影响力的科技创新中心。成都、重庆等核心城市长期以来都积攒着丰富的科教资源，拥有100多所高等院校、五六百万名科技工作者，并在绵阳具有一批国字号的重点科研院所，其中有一二十万名科研人员。高校、科研人员，加上“三线建设”以来布局的一些重大项目，历经几十年锤炼和升级，成渝地区丰厚的科技创新基础会通过成渝绵协同创新建设，共同打造创新“金三角”，将科技创新的外溢性充分发挥到经济社会发展的方方面面。三是要打造改革开放新高地和高品质生活宜居地。以往成都和重庆发展要向东看齐，但现在随着交通条件的改善，我们已经成为向西向南开放的前沿，许多重大政策将会叠加到这一区域。同时，成渝地区也在行政体制改革，特别是经济区与行政区适度分离改革探索方面走到全国前列，而成都建设践行新发展理念的公园城市和重庆打造山水城市的新定位，又推动着成渝地区宜居、宜业、宜商环境质量不断提升，吸引更多人群向区域聚集。

从发展目标看，成渝地区双城经济圈要建成中国经济“第四极”。成渝地区将按照《规划纲要》目标，加快突破西部城市“不敢于破，不善于立”的滞后思维，在发展规模和发展质量上不断缩小与长三角、珠三角、京津冀三大城市群差距，迎头赶上，并肩齐行，最终以更解放的思想、更大胆的创意、更稳健的步伐实现崛起和腾飞，成为中国经济“第四极”。达成发展目标须从以下方面着手。一是发挥“预期效应”。按照《规划纲要》加强基础设施建设，适当超前开展一批具有带动性和“乘数效应”的基础设施投资，发挥交通基础设施区域间经济联系与要素置换通道作用，弥补与东部地区基础设施建设水平差距，实现全面跃迁。二是构建产业发展生态。促进四川省内、成渝地区双城经济圈内要素充分流动和高效配置，构建产业链、供应链、要素链、创新链、价值链互动耦合的现代产业新体系，推动成渝经济极核功能再上一个台阶，尽快实现与东部城市群和都市圈规模相当的经济体量。三是加大创新资源的供给力度。瞄准“未来赛道”，大力提升科技创新能力，建设一批“专精特新”的企业群和产业群，推动产业发展在创新体系建设方面先行先试。四是发挥川渝地区消费基础优势，打造具有巴蜀特色的国际消费目的地。通过促进整个西部地区的需求侧消费提升，激活成渝地区依靠消费拉动经济增长潜能的新模式。五是利用成渝双城公共服务资源，扩大卫生健康、医疗保障、教育、养老、政务服务等优质公共服务覆盖半径。打造公共服务共建共享的城市群和都市圈，形成宜居、宜业、宜商、宜游的高品质生活宜居地。六是形成绿色低碳的生产生活方式。发挥川渝在水电、天然气、页岩气、风电、生物质能等清洁能源资源富集的基础性优势，有机融合整个区域的地理格局和城市空间，推动绿水青山转化为金山银山，完善区域间生态环境协同监测治理体系。

▷▷▷ **纲要原文**

第二章　总体要求

加强顶层设计和统筹协调，牢固树立一体化发展理念，唱好“双城记”，共建经济圈，合力打造区域协作的高水平样板，在推进新时代西部大开发中发挥支撑作用，在共建“一带一路”中发挥带动作用，在推进长江经济带绿色发展中发挥示范作用。

第一节 指导思想

以习近平新时代中国特色社会主义思想为指导，全面贯彻党的十九大和十九届二中、三中、四中、五中全会精神，坚持党中央集中统一领导，坚定不移贯彻新发展理念，坚持稳中求进工作总基调，以推动高质量发展为主题，以深化供给侧结构性改革为主线，立足构建以国内大循环为主体、国内国际双循环相互促进的新发展格局，围绕推动形成优势互补、高质量发展的区域经济布局，强化重庆和成都中心城市带动作用，引领带动成渝地区统筹协同发展，促进产业、人口及各类生产要素合理流动和高效集聚，加快形成改革开放新动力，加快塑造创新发展新优势，加快构建与沿海地区协作互动新局面，加快拓展参与国际合作新空间，推动成渝地区形成有实力、有特色的双城经济圈，打造带动全国高质量发展的重要增长极和新的动力源。

第二节 主要原则

——双核引领，区域联动。提升重庆、成都中心城市综合能级和国际竞争力，处理好中心和区域的关系，强化协同辐射带动作用，以大带小、加快培育中小城市，以点带面、推动区域均衡发展，以城带乡、有效促进乡村振兴，形成特色鲜明、布局合理、集约高效的城市群发展格局。

——改革开放，创新驱动。充分发挥市场在资源配置中的决定性作用，更好发挥政府作用，强化改革的先导和突破作用，积极推动更高层次开放。强化体制创新，面向国内外集聚创新资源，推动科技创新应用与产业转型升级深度融合，构建协同创新体系。

——生态优先，绿色发展。全面践行生态文明理念，强化长江上游生态大保护，严守生态保护红线、永久基本农田、城镇开发边界三条控制线，优化国土空间开发格局，提高用地、用水、用能效率，构建绿色低碳的生产生活方式和建设运营模式，实现可持续发展。

——共享包容，改善民生。坚持以人民为中心的发展思想，增加优质公共产品和服务供给，持续改善民生福祉，构建多元包容的社会治理格局，让改革发展成果更多更公平惠及人民，提高人民群众获得感、幸福感、安全感。

——统筹协同，合作共建。坚持“川渝一盘棋”思维，发挥优势、错位发展，优化整合区域资源，加强交通、产业、科技、环保、民生政策协同对接，做到统一谋划、一体部署、相互协作、共同实施，辐射带动周边地区发展，显著提升区域整体竞争力。

第三节 战略定位

尊重客观规律，发挥比较优势，把成渝地区双城经济圈建设成为具有全国影响力的重要经济中心、科技创新中心、改革开放新高地、高品质生活宜居地。

具有全国影响力的重要经济中心。依托综合交通枢纽和立体开放通道，提高参与全球资源配置能力和整体经济效率，培育竞争优势突出的现代产业体系，发展富有巴蜀特色的多元消费业态，打造西部金融中心、国际消费目的地，共建全国重要的先进制造业基地和现代服务业高地。

具有全国影响力的科技创新中心。紧抓新一轮科技革命机遇，发挥科教人才和特色产业优势，推动创新环境优化，加强创新开放合作，促进创新资源集成，激发各类创新主体活力，大力推进科技和经济发展深度融合，打造全国重要的科技创新和协同创新示范区。

改革开放新高地。积极推进要素市场化配置、科研体制、跨行政区经济社会管理等重点领域改革。依托南向、西向、东向大通道，扩大全方位高水平开放，形成“一带一路”、长江经济带、西部陆海新通道联动发展的战略性枢纽，成为区域合作和对外开放典范。

高品质生活宜居地。大力推进生态文明建设，筑牢长江上游生态屏障，在西部地区生态保护中发挥示范作用，促进社会事业共建共享，大幅改善城乡人居环境，打造世界级休闲旅游胜地和城乡融合发展样板区，建设包容和谐、美丽宜居、充满魅力的高品质城市群。

第四节　发展目标

到 2025 年，成渝地区双城经济圈经济实力、发展活力、国际影响力大幅提升，一体化发展水平明显提高，区域特色进一步彰显，支撑全国高质量发展的作用显著增强。

——双城引领的空间格局初步形成。重庆、成都作为国家中心城市的发展能级显著提升，区域带动力和国际竞争力明显增强。都市圈同城化取得显著突破，中小城市和县城发展提速，大中小城市和小城镇优势互补、分工合理、良性互动、协调发展的城镇格局初步形成，常住人口城镇化率达到 66%左右。

——基础设施联通水平大幅提升。现代化多层次轨道交通网络初步建成，出渝出川四向通道基本形成，重庆、成都间 1 小时可达，铁路网总规模达到 9 000 公里以上、覆盖全部 20 万以上人口城市，航空枢纽地位更加凸显，长江上游航运中心和物流中心基本建成，5G 网络实现城镇和重点场景全覆盖，新型基础设施水平明显提高，能源保障能力进一步增强。

——现代经济体系初步形成。区域协同创新体系基本建成，研发投入强度达到 2. 5%左右，科技进步贡献率达到 63%，科技创新中心核心功能基本形成。优势产业区域内分工更加合理、协作效率大幅提升，初步形成相对完整的区域产业链供应链体系，呈现世界级先进制造业集群雏形，数字经济蓬勃发展，西部金融中心初步建成，现代服务业优势明显增强。

——改革开放成果更加丰硕。制度性交易成本明显降低，跨行政区利益共享和成本共担机制不断创新完善，阻碍生产要素自由流动的行政壁垒和体制机制障碍基本消除，营商环境达到国内一流水平，统一开放的市场体系基本建立。重庆、四川自由贸易试验区等重大开放平台建设取得突破，协同开放水平显著提高，内陆开放战略高地基本建成，对共建“一带一路”支撑作用显著提升。

——生态宜居水平大幅提高。生态安全格局基本形成，环境突出问题得到有效治理，生态环境协同监管和区域生态保护补偿机制更加完善，地级及以上城市空气质量优良天数比率达到88%，跨界河流断面水质达标率达到95%，河流主要断面生态流量满足程度达到90%以上，城市开发模式更加集约高效，公共服务便利共享水平明显提高，精细化治理能力显著增强。

到2035年，建成实力雄厚、特色鲜明的双城经济圈，重庆、成都进入现代化国际都市行列，大中小城市协同发展的城镇体系更加完善，基础设施互联互通基本实现，具有全国影响力的科技创新中心基本建成，世界级先进制造业集群优势全面形成，现代产业体系趋于成熟，融入全球的开放型经济体系基本建成，人民生活品质大幅提升，对全国高质量发展的支撑带动能力显著增强，成为具有国际影响力的活跃增长极和强劲动力源。

第三节｜解读“第三章构建双城经济圈发展新格局”

构建双城经济圈发展新格局是《规划纲要》明确的九项重点任务之中的第一项，其核心在于对整个川渝地区的经济地理进行重塑，此后交通、生态、产业等各项任务均以此章为载体，系统嵌入新发展格局之中。构建双城经济圈发展新格局不仅对于双城经济圈建设极为重要，而且对另外八项任务具有基础性、指导性、统揽性的作用，首先明确整个双城经济圈未来的发展格局，才能推动交通、生态、产业等各项任务达成《规划纲要》所设定的目标。

成渝双城经济圈新发展格局由超特大城市、都市圈、区域中心城市、县城及小城镇四个层次共同构成，这充分遵循党中央、国务院确定并强调的“推进以人为核心的新型城镇化、促进大中小城市和小城镇协调发展”的精神内涵。长期以来，成渝地区发展面临着诸多问题，如地区不平衡不充分现象较为突出，这体现在：①首位城市成都、重庆与其他市（州）体量相差悬殊；②成渝双城长期竞争关系大于合作关系；③城市之间的协同度和联动度较低；④县城和小城镇空心化明显。这些问题迫切需要国家从全局角度进行规划，以新的发展格局为指引，缓解矛盾、解决问题，因而《规划纲要》将成渝地区的空间地理重塑作为九大任务之首。本章的四节具有非常强的针对性和实操性，针对四个层次的空间结构进行一一说明，既强调各个层次的发展逻辑，又明确相互之间的耦合关系。此外，本章还将脱贫攻坚、生态保护、社会民生等问题纳入经济地理的考虑范畴，体现了全面协调的发展理念。

第一节对成渝双城经济圈的两大核心城市（成都、重庆）的定位、功能和作用加以说明。超特大城市是发展形成都市圈、城市群的基础，而成都、重庆在经济体量、人口规模、辖区面积等方面已经逼近国际大都市，具有发展形成都市圈、城市群的必要条件。从伦敦、纽约、新加坡、中国香港和巴黎等现代化大都市的营城与治理经验实践来看，现代化城市需具备六个特征：产业结构高端、科技创新力强、新兴产业不断涌现的经济发展格局；精明增长、精致建设的城市空间，多层次、广覆盖的社会民生保障；丰富多彩、富有特色的文化氛围；舒适宜人、和谐共处的生态环境；绿色智慧、承载力强的基础设施；包容开放、精细化的城市治理。成都、重庆两个超特大城市未来必将追上乃至超过这些现代化大都市，跻身世界一线城市，这个过程就需要统筹考虑城市发展规律和中国制度优势，从而尽快实现这一目标。因此，作为西部地区的“双引擎”，《规划纲要》进一步明确成都主城和重庆主城的定位、功能、布局，其核心目标是全面提升发展能级、综合竞争力、区域辐射力。在共同目标之下，双城也有个性化的定位，如重庆更加强调山水都市风貌，而成都则突出公园城市发展模式。

第二节对两个超特大城市辐射带动而将形成的两大都市圈（成都都市圈、重庆都市圈）的发展方向和发展路径进行阐释。现代化都市圈未来成为区域经济发展的重要抓手，2019 年国家发改委印发的《关于培育发展现代化都市圈的指导意见》明确提出培育发展一批现代化都市圈，形成区域竞争新优势，为城市群高质量发展、经济转型升级提供重要支撑。其中，“城市群是新型城镇化主体形态，是支撑全国经济增长、促进区域协调发展、参与国际竞争合作的重要平台”，而“都市圈是城市群内部以超大特大城市或辐射带动功能强的大城市为中心、以 1 小时通勤圈为基本范围的城镇化空间形态”。成都都市圈和重庆都市圈将会结合国家战略、国际经验和本地基础，为区域发展作出支撑，同时《规划纲要》强调两大都市圈之间要形成联动发展格局，这极大地突破了国际上单个都市圈发展模式的限制，彰显了中国都市圈的发展特色。

第三节对四川省、重庆市除两大都市圈之外的其他城市功能和发展模式阐述说明。建好成渝地区双城经济圈的关键在于双圈互动，也必须依靠双圈互动。双城地区经济圈建设旨在推进成渝地区建立高水平国际化城市群。双圈互动创造的要素流动，能够带动周边城市发展，进而形成合理的分工模式，这为都市圈周边中小城市提供了重大发展机遇。通过双圈互动，强化中心城市与周边地区协同，以“一轴”带动“两翼”和“三带”发展，带来有机的产业分工与服务联系。在双圈的互动过程中，中心城市的中心城区自然会提质增效，产业将向周边城市转移，高端产业能获得前所未有的发展空间，周边的中小城市也将在双圈互动中受益。因而通过成渝双城经济圈建设和成渝双城相向发展，带动南北两翼协同发展，能够解决特大城市之间的“中部塌陷”问题，从而为实现成渝中部崛起提供动能。成渝地区要建成高水平的世界级城市群，就必须具备将区域发展为“命运共同体”的觉悟，以成渝都市圈为主轴，依靠双圈多点互动、相拥发展，拓展区域发展新格局，发挥“1+1>2”的效果。

第四节对县城和小城镇的发展方向加以阐明，并对成渝地区四个层级的区域如何协同发展进行阐述。根据国际经验，当一个区域的经济社会发展到新阶段后，各区域之间在产业体系、开放合作、乡村振兴、民生福祉、生态安全等经济社会方方面面必须进行全方位可持续的协调发展。在成渝地区，大部分中小城市，尤其是县城和小城镇受制于大城市的虹吸效应，出现了如 Fujita 和 Krugman 等学者认为的，“经济空间在长时间内会因产业结构和人均收入的不均衡发展形成‘灾变式集聚’而演变为一个中心—外围格局”的状况——与川渝地区其他城市相比，成都和重庆两个城市过于庞大，两地之间缺乏过渡的纽带。成渝地区双城经济圈区域发展新格局的规划，正精准聚焦于解决成渝区域内部发展不平衡不充分的问题。其中强调“三州”、民族地区、交界地区、革命老区等与成渝双城进行协同发展。

综合来看，本章所述成渝双城经济圈形成新发展格局，其“新”体现在新发展理念下，以都市圈建设为引领，推动四川和重庆的城市“主干”由主城区扩展为现代化都市圈，从而提升区域发展整体性，形成各具特色、分工协作、功能互补的联动发展格局，同时在“一带一路”倡议、新一轮西部大开发、长江经济带等国家重大战略交汇叠加赋能下，成渝地区更有利于在更大范围、更高水平集聚人口和经济势能，提升成渝地区极核主干功能，更好地服务和融入新发展格局。因此，成渝双城经济圈形成新发展格局有利于实现川渝地区经济（价值）的整体提升，逐步由经济带的“虹吸集聚”效应向“辐射扩散”效应转变，真正解决区域发展的不平衡不充分问题，为中国高质量发展、解决中部塌陷问题、不平衡不充分问题等创造新样板。

▷▷▷ **纲要原文**

第三章　构建双城经济圈发展新格局

以发挥优势、彰显特色、协同发展为导向，突出双城引领，强化双圈互动，促进两翼协同，统筹大中小城市和小城镇发展，促进形成疏密有致、集约高效的空间格局。

第一节　提升双城发展能级

面向新发展阶段、着眼现代化，优化重庆主城和成都功能布局，全面提升发展能级和综合竞争力，引领带动双城经济圈发展。

重庆。以建成高质量发展高品质生活新范例为统领，在全面深化改革和扩大开放中先行先试，建设国际化、绿色化、智能化、人文化现代城市，打造国家重要先进制造业中心、西部金融中心、西部国际综合交通枢纽和国际门户枢纽，增强国家中心城市国际影响力和区域带动力。以长江、嘉陵江为主轴，沿三大平行槽谷组团式发展，高标准建设两江新区、西部（重庆）科学城等，重塑“两江四岸”国际化山水都市风貌。

成都。以建成践行新发展理念的公园城市示范区为统领，厚植高品质宜居优势，提升国际国内高端要素运筹能力，构建支撑高质量发展的现代产业体系、创新体系、城市治理体系，打造区域经济中心、科技中心、世界文化名城和国际门户枢纽，提升国家中心城市国际竞争力和区域辐射力。高水平建设天府新区、西部（成都）科学城等，形成“一山连两翼”城市发展新格局。

第二节 培育发展现代化都市圈

把握要素流动和产业分工规律，围绕重庆主城和成都培育现代化都市圈，带动中心城市周边市地和区县加快发展。

重庆都市圈。梯次推动重庆中心城区与渝西地区融合发展。畅通璧山、江津、长寿、南川联系中心城区通道，率先实现同城化。强化涪陵对渝东北、渝东南带动功能，支持永川建设现代制造业基地和西部职教基地，支持合川加快发展网络安全产业、推动建成区域性公共服务中心，推进綦江、万盛一体建设西部陆海新通道渝黔综合服务区和渝黔合作先行示范区，打造重庆中心城区辐射带动周边的战略支点。推进重庆向西发展，提升荣昌、铜梁、大足、潼南特色化功能，建设与成都相向发展的桥头堡。推动广安全面融入重庆都市圈，打造川渝合作示范区。

成都都市圈。充分发挥成都带动作用和德阳、眉山、资阳比较优势，加快生产力一体化布局，促进基础设施同网、公共服务资源共享、政务事项通办、开放门户共建，创建成德眉资同城化综合试验区，建设经济发达、生态优良、生活幸福的现代化都市圈。推动成都、德阳共建重大装备制造基地，打造成德临港经济产业带。加快天府新区成都片区和眉山片区融合发展，打造成眉高新技术产业带。促进成都空港新城与资阳临空经济区协同发展，打造成资临空经济产业带。推动成都东进，以促进制造业高质量发展为重点将成都东部建成与重庆联动的重要支点。

第三节　促进双圈互动两翼协同

依托资源禀赋、人员往来、产业联系等方面优势，强化区域中心城市互动和毗邻地区协同，优化成渝地区双城经济圈协同发展格局。

推动重庆、成都都市圈相向发展。依托成渝北线、中线和南线综合运输通道，夯实成渝主轴发展基础，强化重庆都市圈和成都都市圈互动。支持遂宁与潼南、资阳与大足等探索一体规划、成本共担、利益共享的建设模式。强化都市圈辐射作用，带动成都平原一体化发展，把绵阳、乐山打造为成都平原区域中心城市，支持雅安建设绿色发展示范市，支持黔江建设渝东南区域中心城市。

推动渝东北、川东北地区一体化发展。支持万州建设渝东北区域中心城市，支持南充、达州建设川东北区域中心城市，发挥垫江、梁平、丰都、忠县、云阳节点作用，带动双城经济圈北翼发展。支持万州、达州、开州共建川渝统筹发展示范区，加强规划、政策、项目统筹，在产业发展、公共服务、生态环保等领域探索建立符合高质量发展要求的利益共享机制。

推动川南、渝西地区融合发展。支持宜宾、泸州建设川南区域中心城市，推动内江、自贡同城化，带动双城经济圈南翼跨越发展。支持自贡、泸州、内江、宜宾、江津、永川、荣昌等共建川南渝西融合发展试验区，探索建立重大政策协同、重点领域协作、市场主体联动机制，协同建设承接产业转移创新发展示范区，打造西部陆海新通道和长江经济带物流枢纽。

辐射带动川渝两省市全域发展。强化双城经济圈对重庆市、四川省其他地区特色产业发展、基础设施建设的引领带动，促进基本公共服务均等化，引导秦巴山区、武陵山区、乌蒙山区、涉藏州县、大小凉山等周边欠发达地区人口向双城经济圈集中，强化生态环境保护，切实巩固提升脱贫成果，促进城乡区域协调发展。

第四节 分类推进大中小城市和县城发展

分类指导、科学施策，推动公共资源在双城经济圈各级各类城市间合理配置，优化城市规模结构和功能布局。

推动超大特大城市中心城区瘦身健体。统筹兼顾经济、生态、安全、健康等多元需求，推动重庆和成都中心城区功能升级，合理控制规模，优化开发格局，推动城市发展由外延扩张式向内涵提升式转变，防止城市“摊大饼”，积极破解“大城市病”，合理控制开发强度和人口密度。集聚创新要素，增强高端服务功能，率先形成以现代服务业为主体、先进制造业为支撑的产业结构。建设产城融合、职住平衡、生态宜居、交通便利的郊区新城，实现多中心、串联式、组团化发展。

加快提升大中城市产业水平和功能品质。主动承接超大特大城市产业转移和功能疏解，夯实实体经济发展基础。立足特色资源和产业基础，推动制造业差异化、规模化、集群化发展，因地制宜打造先进制造业基地、商贸物流中心和区域专业服务中心。优化大中城市管辖范围和市辖区规模结构。支持三级医院和新建高校、高校新建校区在大中城市布局，增加医疗、文化、体育资源供给。优化市政设施功能，改善人居环境，营造现代时尚的消费场景，提升城市生活品质。

推进县城城镇化补短板强弱项。加快县城城镇化建设，推动农业转移人口就地就近城镇化。推动重庆市郊区和四川省县城及县级市城区公共服务设施、环境卫生基础设施、市政公用设施、县域经济培育设施提级扩能，推动公共资源适当向县城（郊区、县级市城区）倾斜，补齐短板、补强弱项，提升县域经济发展能力。引导产业项目向资源环境承载力强、发展潜力大的县城（郊区、县级市城区）布局，培育壮大特色优势产业。推动具备条件的县有序改市。

分类引导小城镇发展。切实放权赋能，支持位于都市圈范围内的重点镇加强与周边城市的规划统筹、功能配套，分担城市功能。通过规划引导、市场运作，将具有特色资源、区位优势的小城镇培育成为专业特色镇。引导一般小城镇完善基础设施和公共服务，增强服务农村、带动周边功能。

第四节 | 解读“第四章合力建设现代基础设施网络”

合力建设现代基础设施网络是《规划纲要》明确的九项重点任务之中的第二项，其核心目标是在成渝地区建设布局交通、能源、水利等重要交通基础设施网络，进而在中国西部形成“东西双向互济、陆海内外联动”的综合性战略枢纽，是对成渝地区双城经济圈提出“两中心两地”目标的一个重要支撑，也是第一项任务中构建双城经济圈发展新格局的重要组成部分。

纵观历史经验和理论逻辑，基础设施网络是推动区域经济社会发展的基本要素，而随着城市发展和区域格局变化，必须要升级传统基础设施，大力加强高铁、航空、网络等现代基础设施网络建设，从而助力成渝地区双城经济圈发挥地处“一带一路”、长江经济带、西部陆海新通道等交会处的区位优势，形成连接西南西北、沟通东亚、东南亚、南亚的桥梁，彰显枢纽功能。同时，在当前国内国际形势下，迫切需要统筹发展与安全，尤其是要推动能源基础设施和水利基础设施建设，使得成渝地区的能源和水利资源能够更好地服务国家安全大局。因此，对于成渝地区双城经济圈现代基础设施网络的重点领域如何发展、如何布局、如何实施等，《规划纲要》专门分三小节进行阐释。

第一节强调一体化综合交通枢纽的作用以及说明具体的推进策略。“要致富，先修路”依旧是当前推动区域发展的重要手段，不过现代的“路”已经不再是公路这一狭义概念，而是囊括公路、铁路、航空、水路等通道的综合概念。成渝地区双城经济圈建设一体化综合交通枢纽既包含成渝地区对外互联互通、形成国际大通道的目标，又强调成渝地区内部加强互联互通、形成高密度高效率交通设施网络的导向。从外部交通看，成渝地区虽然已经形成对东南亚、对中东欧基本的对外联通架构，但集中体现在蓉欧、渝新欧等班列的铁路领域方面，“双核”枢纽能级和综合性依然有较大提升空间，尤其是在主动服务和融入国家重大发展战略方面，如其在“一带一路”倡议中还需要发挥更加重要的作用。因而《规划纲要》提出加快构建陆海互济、四向拓展的综合运输大通道，实现国内通达、国际开放，支撑打造内陆开放战略新高地。从内部交通看，成渝地区公路、铁路、水路的网络密度与东部发达地区相比仍存在较大差距，基础设施瓶颈问题依然凸显。这导致区域内城镇发展无法通过高效的基础设施网络以推动规模结构合理化，因而《规划纲要》提出要提高“两翼”地区的战略地位，强化节点城市的交通枢纽功能，以轨道交通为骨干、公路网络为基础，形成成渝“双核”之间、“双核”与“两翼”等区域中心城市之间的交通通勤圈，分类打造绿色高效城市综合交通体系，以解决内部互联互通不足的问题。

第二节关注电力、油气等能源的联通和保障。提升能源运行保障能力是成渝地区双城经济圈规划建设过程中十分重要的环节。近年来，随着国际局势的跌宕起伏，国际能源供应波动加剧，我国作为传统能源输入国在能源安全方面受到挑战。四川和重庆两地在能源供应方面具有较大的优势，尤其是四川的能源资源优势——2018—2020年四川水电丰水期送渝电量累计达97亿千瓦时、送渝天然气累计达104亿立方、送渝煤炭累计达450万吨，有效保障了国家部分能源领域的稳定供给。从地理位置、通道设施和能源供需形势来看，同处西南的川渝两地在能源运行互济、互保、互通具有开展更加深入合作的基础，如四川的页岩气开发能够与重庆的天然气交易中心形成联动，构建由能源开发、能源制品、能源交易、能源运输组成的能源全生命发展周期。此外，《规划纲要》还提出建设优质清洁能源基地，在分布式能源、氢能运营以及统筹营建风、光、水多能互补能源等方面加快布局。未来，针对新能源开发和利用，成渝地区双城经济圈将在共建氢燃料产业创新联盟、共同争取国家在新能源汽车电池领域支持、氢燃料电池物流车互联互通示范线路、国家检测认证机构共享检测、共建氢燃料电池汽车公共服务体系等方面进一步发力，在推动国家清洁能源发展版图上占据重要一环。

第三节着力点放在水利基础设施建设上。水利基础设施对于调节区域水资源分配、保障供水安全、增强防洪减灾能力、加强水体治理等方面具有重要作用。四川和重庆两地水资源丰富，长江、岷江、沱江等水系十分发达，人均水资源拥有量高于全国水平，从总量来看是不缺水的地区。然而，川渝地区全年大部分降水量集中在第二季度和第三季度，在春冬时节容易形成季节性缺水，同时四川甘孜州、阿坝州等地区人均水资源占有量高，而成都主城区、重庆主城区人均水资源占有量低于国际标准，水资源并不充分，因此成渝地区双城经济圈应着眼于对区域水资源进行高效配置。《规划纲要》提出引大济岷、涪江右岸、向家坝灌区二期、长征渠等一批重大水利工程，其中许多水利工程均在早期就有过设想和建议，但由于所需投入过于庞大，很难由单个省份来解决。比如，建设引大济岷工程的想法最早产生在20世纪70年代，来自四川的水利专家提出的把水从川西调到川东去的设想，因为投资问题，迟迟没有推动落实。此次能够通过，是由于成渝地区双城经济圈发展规划提出后，通过国家层面来统筹协调才得以实现，这充分反映国家对成渝地区水利工程的重视程度。同时，针对江流、河流等跨成渝两地的水利资源，《规划纲要》也指明要实施防洪控制性水库联合调度，以及推进水利资源共享、调配、监管一体化等工作方向，这将为破解跨行政区域实现水资源高效管理难题提供支持。

综合来看，本章所述合力建设现代基础设施网络的重点体现在“合力”“现代”“网络”三个词语上。“合力”是指四川和重庆要站在国家层面上合作规划交通基础设施建设，对内增强双核之间的互联互通，不断推进两地一体化发展，对外则要建设国家向西、向南开放的交通枢纽，加强与东南亚、南亚、中亚等地区的通道建设，服务好“一带一路”倡议。“现代”是指基础设施网络是在传统基础设施基础上，增加绿色基础设施、能源基础设施、网络基础设施等服务经济社会现代化发展的新内容，成渝必须要在统筹发展与安全两方面共同发力，既要建设服务发展的基础设施，也要建设服务安全的基础设施。“网络”则是强调成渝地区双城经济圈不仅要加强内部网络密度，同时也要积极融入全国网络，成为东西双向互济、陆海内外联动的枢纽地区，服务全国基础设施网络建设大局，进而参与国际基础设施网络建设，推动西部地区与亚洲其他区域加强互联互通，形成国际化的成渝地区双城经济圈。

▷▷▷ **纲要原文**

第四章 合力建设现代基础设施网络

以提升内联外通水平为导向，强化门户枢纽功能，加快完善传统和新型基础设施，构建互联互通、管理协同、安全高效的基础设施网络。

第一节 构建一体化综合交通运输体系

打造国际航空门户枢纽。高质量建成成都天府国际机场，打造国际航空枢纽，实施双流国际机场扩能改造，实现天府国际机场与双流国际机场“两场一体”运营。推进重庆江北国际机场改扩建，规划研究重庆新机场建设，提升重庆国际枢纽功能。布局建设乐山、阆中、遂宁、雅安等一批支线机场，研究广安机场建设。织密国际航线网络，提高与全球主要城市之间的通达性。推动两省市机场集团交叉持股，强化城市群机场协同运营，合力打造世界级机场群。优化空域结构，提升空域资源配置使用效率。深化低空空域管理改革，加快通用航空发展。

共建轨道上的双城经济圈。科学规划干线铁路、城际铁路、都市圈市域（郊）铁路和城市轨道交通，完善多层次轨道交通网络体系。规划建设川藏铁路，适时推动引入成都枢纽的天府-朝阳湖铁路项目实施。加快建设成都至西宁、重庆至昆明、成都至自贡至宜宾、重庆至黔江、郑州至万州铁路襄阳至万州段等铁路项目，规划建设重庆至万州、成都至达州至万州、重庆至西安、重庆至宜昌、成渝中线等铁路项目，规划研究重庆至贵阳铁路，研究论证重庆至自贡至雅安铁路，拓展出渝出川客运大通道。推进叙永至毕节等铁路及铁路专用线等货运设施建设，逐步恢复沪汉蓉铁路货运功能，完善货运通道布局。研究规划重庆都市圈环线、成都外环、绵遂内等连接重庆中心城区、成都与周边城市的城际铁路和都市圈市域（郊）铁路，优先利用铁路资源开行城际、市域（郊）列车，基本建成中心城市间、中心城市与周边城市（镇）间1小时交通圈和通勤圈。有序推进重庆、成都城市轨道交通规划建设。

完善双城经济圈公路体系。畅通对外高速公路通道，强化主要城市间快速联通，加快推进省际待贯通路段建设。提高既有路网通行能力，全面推动G318川藏公路升级改造，加快成渝、渝遂、渝泸、渝邻和成自泸赤等国家高速公路繁忙路段扩能改造，加强干线公路与城市道路有效衔接。优化城际快速路网，疏通主要节点城市进出通道，增强公路对客货运枢纽的集疏运服务能力，提升路网通达效率和安全水平。推动毗邻地区互联互通，建设重庆至合江至叙永、泸州至永川、大足至内江、铜梁至安岳、南充至潼南、大竹至垫江、开江至梁平等高速公路。

推动长江上游航运枢纽建设。健全以长江干线为主通道、重要支流为骨架的航道网络，优化干支流水库群联合调度，研究优化长江上游分段通航标准，加快长江上游航道整治和梯级渠化，全面畅通岷江、嘉陵江、乌江、渠江等。推进利泽、白马、犍为、龙溪口、风洞子等航电枢纽建设。加强港口分工协作，构建结构合理、功能完善的港口群，打造要素集聚、功能完善的港航服务体系。组建长江上游港口联盟，加强与上海国际航运中心合作，推进港口企业加强合资合作，促进区域港口码头管理运营一体化。

提升客货运输服务水平。推动多层次轨道交通网络运营管理衔接融合，研究建立一体化建设运营机制，推广交通“一卡通”服务和二维码“一码畅行”，加快实现运营公交化。加强机场与轨道交通衔接，完善机场集疏运体系，探索空铁联程联运新技术新模式。推进一体化综合客运枢纽和衔接高效的综合货运枢纽建设，提升枢纽运营智能化水平。推进铁路专用线进重要枢纽型港区、大型工矿企业和物流园区，加快发展铁水、公铁联运和“一单制”联运服务。支持高铁快运、电商快递班列、多式联运班列发展。

第二节 强化能源保障

优化区域电力供给。稳步推进金沙江、雅砻江、大渡河水电基地开发，优先建设具有调节能力的水库电站。统筹推进风光水多能互补能源基地建设，积极推广分布式能源发展，研究开展氢能运营试点示范，建设优质清洁能源基地。优化川渝电力资源配置，完善川渝电网主网架结构，优化重庆都市圈500千伏目标网架。研究论证疆电入渝工程。推进白鹤滩水电站留存部分电量在川渝电网消纳。培育发展电力现货市场和川渝一体化电力辅助服务市场。

统筹油气资源开发。发挥长宁-威远、涪陵国家级页岩气示范区引领作用，推动页岩气滚动开发，建设天然气千亿立方米产能基地，打造中国“气大庆”。完善天然气管网布局。优化完善成品油储运设施，有序开展中航油西南战略储运基地、陕西入川渝成品油管道、沿江成品油管道等前期工作。发挥重庆石油天然气交易中心作用，形成具有影响力的价格基准。完善页岩气开发利益共享机制，有序放开油气勘探开发市场，加大安岳等地天然气勘探开发力度。

第三节　加强水利基础设施建设

研究推进跨区域重大蓄水、提水、调水工程建设，增强跨区域水资源调配能力，推动形成多源互补、引排得当的水网体系。推动大型水库及引水供水重点工程建设。有序推进引大济岷、涪江右岸、向家坝灌区二期、长征渠、渝南及重庆中部水资源配置、沱江团结等引水供水重大工程的研究论证。加强大中型灌区续建配套和现代化改造。加强饮用水水源地和备用水源建设，推进人口分散区域重点小型标准化供水设施建设，保障区域供水安全。推进防洪减灾设施建设，加强主要江河和中小河流防洪治理，实施防洪控制性水库联合调度。系统推进城市堤防、排水管渠、排涝除险、蓄水空间等设施建设，有效治理城市内涝问题。构建智慧水利平台，健全水资源监控体系，推进水利资源共享、调配、监管一体化。

第五节｜解读“第五章协同建设现代产业体系”

协同建设现代产业体系是《规划纲要》明确的九项重点任务之中的第三项，其核心目标是推动成渝地区产业体系的统筹布局，能够在国内国际形势不断演变过程中合力增强产业生态集聚力、产业链建构力、高端要素运筹力。本章同样强调成渝都市圈和重庆都市圈的产业协同，以及大中小城市及县城等不同规模城市之间的产业互动，因而协同建设现代产业体系也是参与支撑成渝地区双城经济圈形成新发展格局的重要环节。

结合世界经济发达地区的发展经验和我国实际来看：产业兴，则城市兴；产业强，则区域强。发展产业始终是一个城市和区域提升发展动能的最重要手段。在新冠病毒感染疫情冲击下，全球产业“断链”风险在不断爬升，传统的产业发展模式已经无法适应新的形势变化，必须要加快构建以创新、协调、绿色、开放、共享为理念，以发展和安全并重为原则的现代产业体系，从而推动制造业发展能级提升、主导产业向价值链高端迈进、全链协同发展水平提高、高能级项目加速集聚、要素资源与产业链精准匹配等全方位发展，最终做强成渝地区双城经济圈的发展支撑。

第一节将制造业高质量发展放在首要位置，突出表现制造业对于成渝地区双城经济圈的主导作用。制造业是影响区域产业发展和经济发展的核心，只有做大和做强制造业，才能通过产业链、供应链、要素链、价值链、创新链引领带动区域经济快速增长。成渝地区在电子信息、医药健康、装备制造、汽车制造等多个产业领域具有规模优势和创新优势，在国家乃至世界制造业网络中已经不可或缺，其中电子信息、装备制造两大产业合计规模已经达到“万亿级”，医药健康等多个产业规模预计很快也能突破“万亿级”，但是成渝两地之间进行相互配合的产业发展局面还未形成，因而《规划纲要》提出要优化重大生产力布局，使得成渝两地在产业发展上形成“1+1>2”的效果。针对战略性新兴产业和代表今后竞争力的“未来赛道”，成渝地区将会瞄准航空航天、轨道交通、能源装备、工业机器人等领域中的核心环节精准发力，培育具有国际竞争力的先进制造业集群。在全球产业网络不断调整和国内产业加速转移的趋势下，成渝地区将加大对东部产业转移承接力度，从而支撑国家层面对于生产力布局的优化提升。在制造业的载体方面，成渝地区将以两大国家级新区为“旗舰”，助力区域内各高新技术产业开发区、经济技术开发区、省级新区、工业基地、专项园区等创新园区在构建体系、加强协作、形成机制方面推动这些制造业的主要载体发挥吸引产业、做大产业、增强产业的作用，进而有力带动各城市经济发展，支撑成渝地区双城经济圈新发展格局的形成。

第二节将数字经济作为成渝地区双城经济圈产业体系构建的重

要领域。当前以信息技术驱动的新一轮科技革命浪潮席卷全球，科技创新和产业变革日新月异，以信息化、数字化、智能化产业发展水平为主要特征的国家之间与地区之间竞争将更加激烈，并对经济发展和社会进步产生深刻影响。大力发展数字经济，对成渝地区贯彻落实党中央、国务院决策部署，深化供给侧结构性改革，推动新旧动能接续转换，实现经济高质量发展具有十分重大的意义。作为数字经济基础产业的电子信息产业，是四川工业和重庆工业的支柱产业，因而川渝两地是全国数字经济关联产业的重要基地，布局完整，互补性强。根据相关统计，四川已建成5G基站超6.6万个，重庆全市累计建成开通5G基站4.9万个，两地数字经济核心产业规模已经接近1万亿元。随着国家发改委、中央网信办、工信部、国家能源局联合批复同意成渝地区启动建设全国一体化算力网络国家枢纽节点，成渝将在“东数西算”中发挥更加重要的作用。基于区域内5G基站的快速扩张，千兆光纤、绿色数据中心等新型基础设施加快布局，数字经济与第三次产业都将不断融合从而创造新的发展动能，尤其是电子信息、生物医药、汽车制造、高端装备制造等产业领域的数字化转型将会推动制造业发展壮大，所以《规划纲要》聚焦数字经济与实体经济的深度融合，在工业互联网一体化发展、“数字+”与城市运营、网络安全产业等领域均有所布局。

第三节强调服务业的创新和转型发展。重点在于生产性服务业的发展方向，即在研发设计、科技服务、商务咨询、人力资源服务等领域要优先形成发展优势，这一优势的产生将加快服务业与制造业的融合发展，切实增强产业链和供应链的竞争力和稳定性。针对成渝地区双城经济圈构建新发展格局的目标，《规划纲要》提出要对合力共建综合基础设施网络形成有力支撑，并在其中特别关注构建完善的多式联运国际物流服务网络。以《规划纲要》作为支撑，成渝地区的商贸物流业将迎来发展机遇，这将对川渝地区的产品和服务进入“一带一路”倡议中的各经济走廊以及世界市场提供重要支撑。同时，《规划纲要》明确成渝共建西部金融中心的定位，并支持成都和重庆在金融改革创新、绿色金融、金融科技等方面发挥作用，这对长期处于“资本弱势”的西部地区而言是一个重大利好，能够扭转过去资本主要聚集在沿海地区的局面，推动更多金融资源向成渝地区乃至整个西部地区倾斜，进而支撑成渝地区现代产业体系的构建。

第四节重视农业的现代化发展和高效发展。粮稳天下稳，粮足百姓安。农业是关乎粮食安全、基本民生的基础产业，对于国民经济有“托底”的作用。川渝地区具有农业发展的基础优势，在粮油、生猪、蔬菜、中药材、柑橘、柠檬等农产品生产方面具有比较优势和特色，因而《规划纲要》强调成渝地区双城经济圈应当依托这些特色资源，进一步做强农产品精深加工，加强农业科技投入，提高附加值，拓展农产品市场，从而推动农民和农业组织收入提升。尤其是在制造业方面不具有优势的中小城市，能够通过发展现代农业稳定经济发展，这对于实现共同富裕、区域协调发展都具有重要意义。

综合来看，《规划纲要》将产业视为成渝地区发展的物质基础和动力源泉，并且十分强调产业发展模式与区域发展格局的动态耦合关系。当前，全球产业网络基本形成以产业链为主线，以供应链、要素链、创新链、价值链为辅线的“五链”发展模式，产业趋势变革将通过对“五链”作用来推动重塑全球生产力布局。成渝地区双城经济圈要在国内国际双循环新发展格局中发挥枢纽功能、建设高能级的产业生态圈，必须锚定对“五链”进行集中强化，前瞻把握新一轮科技革命带来的影响，主动迎合跨界渗透和相互交叉为特征的“融合化”趋势，做强产业链、稳定供应链、配置要素链、培育创新链、提升价值链，推动成渝地区双城经济圈在全球产业体系中地位进一步提升。

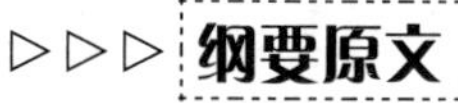

第五章 协同建设现代产业体系

以全球新一轮科技革命和产业链重塑为契机，坚持市场主导、政府引导，强化机制创新，优化、稳定、提升产业链供应链，加快构建高效分工、错位发展、有序竞争、相互融合的现代产业体系。

第一节 推动制造业高质量发展

优化重大生产力布局。整合提升优势产业，加快补齐关键短板，增强全产业链优势，形成特色鲜明、相对完整、安全可靠的区域产业链供应链体系。提升重庆、成都产业创新发展能力，打造制造业高质量发展双引擎，推动都市圈外围地区加快发展电子信息、汽车等产业，形成研发在中心、制造在周边、链式配套、梯度布局的都市圈产业分工体系。强化双城经济圈北翼地区先进材料、汽摩配件等产业协作，南翼地区联动集聚食品饮料、装备制造、能源化工、节能环保等产业。

培育具有国际竞争力的先进制造业集群。以智能网联和新能源为主攻方向，共建高水平汽车产业研发生产制造基地。聚焦航空航天、轨道交通、能源装备、工业机器人、仪器仪表、数控机床、摩托车等领域，培育世界级装备制造产业集群。整合白酒主产区优质资源，壮大健康食品、精品服饰、特色轻工等产业，培育特色消费品产业集群。深入推进国家战略性新兴产业集群发展工程，前瞻布局一批先导产业，壮大先进材料产业，协同发展生物医药、医疗器械、现代中药产业，共建西部大健康产业基地。

大力承接产业转移。发挥要素成本、市场和通道优势，以更大力度、更高标准承接东部地区和境外产业链整体转移、关联产业协同转移，补齐建强产业链。积极发挥产业转移项目库作用，建立跨区域承接产业转移协调机制，完善信息对接、权益分享、税收分成等政策体系。布局产业转移集中承接地，继续安排中央预算内投资支持国家级新区、承接产业转移示范区重点园区的基础设施和公共服务平台建设，不断提升承接产业能力。研究以市场化方式设立区域产业协同发展投资基金，支持先导型、牵引性重大产业项目落地。

整合优化重大产业平台。发挥重庆两江新区、四川天府新区旗舰作用，加快重庆经济技术开发区、海峡两岸产业合作区、成都国际铁路港经济开发区及其他国家级、省级开发区建设，推动成都天府临空经济区建设。鼓励涪陵、綦江、合川、资阳、遂宁、宜宾等创建国家高新技术产业开发区，打造一批国家新型工业化产业示范基地，推动建设广安–渝北等一批跨省市毗邻地区产业合作园区。支持自贡等老工业城市转型升级，建设新时代深化改革扩大开放示范城市。创新

“一区多园”“飞地经济”等建园方式，推动各类开发区和产业集聚区政策叠加、服务体系共建。

第二节 大力发展数字经济

布局完善新一代信息基础设施。加快5G网络建设，推进千兆光纤接入网络广泛覆盖，加快推进基于IPv6的下一代互联网部署，推动国家级互联网骨干直联点宽带扩容。统筹布局大型云计算和边缘计算数据中心。完善工业互联网标识解析国家顶级节点功能，加快建设二级节点。积极发展物联网，建设全面覆盖、泛在互联的城市智能感知网络。开展新一代移动通信网络试验验证，实施车联网试点示范建设工程。加快提升传统基础设施智能化水平。

合力打造数字产业新高地。聚焦集成电路、新型显示、智能终端等领域，打造“云联数算用”要素集群和“芯屏器核网”全产业链，培育超高清视频、人工智能、区块链、数字文创等创新应用，联手打造具有国际竞争力的电子信息产业集群。大力发展数字经济，推动数字产业化、产业数字化，促进软件、互联网、大数据等信息技术与实体经济深度融合，加快重点领域数字化发展，引领产业转型升级。围绕产业发展需要，推动共建成渝工业互联网一体化发展示范区、区域协同公共服务平台和服务体系，构建全国领先的“5G+工业互联网”生态。支持联合建设国家数字经济创新发展试验区和国家数字服务出口基地，建设“智造重镇”和“智慧名城”。

积极拓展数字化应用。探索建立统一标准、开放互通的公共应用平台，推动双城经济圈政务数据资源共享共用，推动地级以上城市全面建立数字化管理平台。推进城市基础设施、建筑楼宇等的数字化管理，稳步推进“数字+”与城市运营管理各领域深度融合。完善大数据辅助科学决策机制，加快提高治理数字化水平。适应数字技术全面融入社会交往和日常生活新趋势，促进公共服务、社会运行和治理方式创新，构筑全民畅享的数字生活。

全面提升数字安全水平。加强通信网络、重要信息系统和数据资源保护，增强关键信息基础设施安全防护能力。深化网络安全等级保护制度和关键信息基础设施安全保护制度。完善重庆和成都重要数据灾备中心功能，建设联合异地灾备数据基地。建设网络安全产业基地，支持开展法定数字货币研究及移动支付创新应用。

第三节　培育发展现代服务业

推动先进制造业和服务业融合发展。引导制造企业延伸服务链条、发展服务环节，推动生产服务型企业创新服务供给，提升制造业服务化水平和全产业链价值。在研发设计、科技服务、商务咨询、人力资源服务等领域，联合打造一批服务品牌。依托优势企业培育发展工业设计中心，支持食品药品检测基地、重庆工业设计产业城等建设。支持在成渝地区建设国家检验检测高技术服务业集聚区。支持川渝毗邻地区建立人力资源服务产业园。鼓励重庆、成都等开展先进制造业和现代服务业融合发展试点。

提升商贸物流发展水平。强化重庆、成都国家物流枢纽功能，合力建设国际货运中心。支持万州、涪陵、长寿、遂宁、达州、泸州、自贡等打造区域性物流中心。支持全货运航空公司在成渝地区设立基地，加快完善多式联运国际物流服务网络，打造多元化、国际化、高水平物流产业体系，培育发展龙头企业。围绕优势产业和主导产品，差异化建设一批内外贸相结合的专业市场。扎实推进跨境电子商务综合试验区建设。大力发展数字商务，探索建立反向定制（C2M）产业基地。强化会展经济对商贸物流的带动作用，联合打造一批专业会展品牌。

共建西部金融中心。支持重庆开展区域性股权市场制度和业务创新。支持开展共建“一带一路”金融服务。开展本外币合一账户试点。支持跨境人民币业务创新，探索开展跨国企业集团本外币合一跨境资金池等试点业务，支持在自由贸易试验区设立人民币海外投贷基金。支持开展合格境内投资企业（QDIE）和合格境内有限合伙人（QDLP）试点。积极支持区域金融改革创新，开展绿色金融、金融科技等创新试点，在成都建设基于区块链技术的知识产权融资服务平台。推进金融市场和监管区域一体化，推动在担保、不良资产处置、创业投资和私募股权投资等领域跨区域合作。支持设立市场化征信机构，研发适合西部地区的征信产品，支持中外信用评级机构在成渝地区设立实体机构，推动信用融资产品和服务创新。设立破产法庭，健全金融审判体系。

第四节　建设现代高效特色农业带

推动农业高质量发展。支持川渝平坝和浅丘地区建设国家优质粮油保障基地，打造国家重要的生猪生产基地、渝遂绵优质蔬菜生产带、优质道地中药材产业带、长江上游柑橘产业带和安岳、潼南柠檬产区。推进特色农产品精深加工，打造全球泡（榨）菜出口基地、川菜产业和竹产业基地。发展都市农业，高质量打造成渝都市现代高效特色农业示范区。

强化农业科技支撑。共建国家农业高新技术产业示范区。支持建设西南特色作物种质资源库、西部农业人工智能技术创新中心、国家现代农业产业科技创新中心等。推动畜禽遗传资源保护利用，建设区域性畜禽基因库、畜牧科技城、国家级重庆（荣昌）生猪大数据中心。

大力拓展农产品市场。积极开展有机产品认证，健全农产品质量安全追溯体系。做强地理标志农产品，推广巴味渝珍、天府龙芽等特色品牌，打造川菜渝味等区域公用品牌。强化农产品分拣、加工、包装、预冷等一体化集配设施建设，大力建设自贡等国家骨干冷链物流基地。大力发展农村电商，建设一批重点网货生产基地和产地直播基地。建设国际农产品加工产业园。

第六节 | 解读“第六章共建具有全国影响力的科技创新中心”

共建具有全国影响力的科技创新中心是《规划纲要》明确的九项重点任务之中的第四项，其核心目标是推动成渝地区在国家创新驱动发展战略中发挥更大作用、作出更大贡献。从美国、德国、日本等发达经济体的经验来看，当国家经济规模达到一定程度，生产要素的边际增长率达到顶点时，就必须依靠科技创新来实现发展动力的可持续，这也是诺贝尔经济学奖得主保罗·罗默等学者相当看重的“内生经济增长模型”。欧美发达国家一般都会形成区域性的科技创新中心，如硅谷、筑波、列特拉维夫等区域都在本国经济发展动力转化方面做出巨大贡献，因而建设区域性科技创新中心将会是发展中国家追赶发达国家的一个必然选择。

推动成渝地区双城经济圈的科技创新，要放在战略层面、区域层面、技术层面三个维度进行解读：在战略层面，成渝地区双城经济圈能够通过本土具有基础科技优势和前沿科技优势的科研机构，帮助我国逐渐挣脱“卡脖子”技术的制约；在区域层面，成渝地区双城经济圈要发挥不同城市、不同主体、不同机构之间的各自优势，通过协同创新提升创新发展效率；在技术层面，成渝地区双城经济圈的科技创新要为本区域产业发展提供源源不断的动力，建设形成以产业化为导向的科技创新平台将会推动成渝地区双城经济圈圆满实现规划目标。

第一节明确成渝将建设综合性科学中心。综合性科学中心，顾名思义，就是包含基础研究、技术研究、模式研究等众多科技创新领域，并结合科教基础设施，共同引导地方、科研机构、企业参与科研创新，将这三者组织起来发挥作用的科学中心。在创新链中，基础科学是源泉，没有基础科学的发展，就谈不上科技创新。成渝地区有四川大学、重庆大学、电子科技大学等一大批高水平大学，拥有中国工程物理研究院等一大批国家顶尖科研机构，拥有中国二重、东方电气等一大批具有原始创新能力的企业，已经具备发挥基础研究和原始创新引领作用的基本条件。《规划纲要》将成渝确定为科学中心，从中体现国家对于成渝地区在基础科学发展方面的重视，不仅将成渝视作一个科技较为发达的地区，并且将成渝视作能够支持甚至带动国家科学发展的区域。《规划纲要》强调成渝地区科技资源的共享开放，旨在通过打破地域限制，进一步强化区域内的科技联动，从而推动区域科技创新实力迈向更高水平。

第二节强调创新的空间布局。成渝地区科技创新资源分布具有较强的层次性和明显的阶梯度，其中成都主城区和重庆主城区的科技创新资源最为集中。成都天府国际生物城、未来科技城、成都高新区、重庆大学城、重庆高新区等这些区域，是地区内最高科技创新水平的代表，主要承担着发展国际化、高端化、前沿化的科技创新任务，并通过科技创新的外溢性辐射来带动成渝其他区域的发展。除成都主城区和重庆主城区以外，绵阳的科技创新能力也较为突出，当地坐拥多所国家级战略科技力量，在诸多科技前沿领域都做出了巨大贡献，并已经与成都和重庆产生较好联动，在近年来，逐渐形成“成渝绵科技创新金三角”的科技创新体系。除此之外，成渝地区其他城市的科技创新能力并不强，尽管在食品、白酒、机械等部分领域有一定的创新能力，但主要还是被辐射和被带动。成渝地区这种科技创新的层次性将决定未来发展道路，必须通过优化空间布局，以头部区域发展，带动整个区域科技创新实力的提升，从而提升双城经济圈的科技含量。

第三节突显协同在成渝地区双城经济圈科技创新发展过程中的重要地位。这种协同体现在两个方面，一方面是创新链产业链层面的协同，另一方面是地理和行政区域层面的协同。创新链产业链的协同强调以最终产品和服务提升为导向，推动产学研用深度融合，这一协同将在产业体系中发挥整体作用。在整个产业体系内，创新型领军企业是重中之重。这一企业会吸引高校、科研机构、领军人才、资本等各要素集聚，与其相互组合发挥作用，而这些要素会通过科技项目、科技成果的共建共享加速提高组合效率，最终提升成渝地区双城经济圈的科技创新实力。地理和行政区域层面的协同则是关注政府要帮助创新主体积极打破地域限制，让科技创新资源不再受制于地理和行政约束，而是在更大空间、更大范围内充分流动，实现组合效率的最优化。《规划纲要》明确提出将打造成渝地区一体化技术交易市场并完善区域知识产权快速协同保护机制，实际上就是指明跨区域推动科技创新的具体导向，通过打造一系列科技创新的公共平台，将整个区域资源引向高分卫星、载人航天、大型飞机、长江上游生态环境修复等国家重大科技任务。

第四节特别重视创新的政策环境。纵观世界各国，虽然国家制度有所差别，但各国政府政策在科技创新发展中都起到重要作用，没有政府的政策引导和支持，国家科技创新的步伐就很难迈开。人才作为科技创新的重要因素，需要政府从教育体系、价值观教育、职业发展体系、激励体系等各方面形成合力，才能培育和造就一大批从事科技创新事业的科研人才。因此《规划纲要》提出将在成渝地区支持引进国内外顶尖高校和科研机构，合作建设研究院和研发中心，以开放包容的姿态，推动科技创新发展；同时还提出设立长期、灵活、有吸引力的科研岗位，从而吸纳各行各业、独具特色的人才进入科技创新体系。针对过去科技体制较为死板、不利于发挥科技人才主观能动性的障碍，《规划纲要》明确支持进行深化科技创新体制改革，在科研资金跨省市使用、探索建立两省市改革举措和支持政策异地同享机制等多方面都有所突破，充分展现深化政府部门管理制度改革的坚定决心。此外，成渝地区双城经济圈还将建立健全创新激励政策体系，用物质与精神的双重激励，引导越来越多的科技工作者围绕市场需求开发相应产品和相关服务，最终形成以科技为导向的产业体系和市场体系。

综合来看，共建具有全国影响力的科技创新中心既是成渝地区双城经济圈发展的一个重要目标，也是实现其他目标的一个重要路径。当前，科技创新能力已经成为综合国力竞争的决定性因素，面对百年未有之大变局，对于我国实现中华民族伟大复兴的宏伟目标，科技创新将起着“压舱石”“定盘星”的关键作用。无论是应对国际政治博弈，还是自然灾害威胁，甚至是地区军事对抗，科技创新都是决定性的力量。成渝地区不仅要在经济发展方面打造成为全国的第四极，未来还要成为国家一流的科技创新中心，在创新驱动发展战略中发挥更为重要的支持作用。科技强，则国家强，成渝合力打造国家科技创新高地，能为构建现代产业体系提供科技支撑，也能为国家应对内外部形势变化提供强大保障。

第六章　共建具有全国影响力的科技创新中心

坚定实施创新驱动发展战略，瞄准突破共性关键技术尤其是“卡脖子”技术，强化战略科技力量，深化新一轮全面创新改革试验，增强协同创新发展能力，增进与“一带一路”沿线国家等创新合作，合力打造科技创新高地，为构建现代产业体系提供科技支撑。

第一节　建设成渝综合性科学中心

聚焦核能、航空航天、智能制造和电子信息等领域的战略性产品开发，在四川天府新区、重庆高新区集中布局建设若干重大科技基础设施和一批科教基础设施，引导地方、科研机构和企业建设系列交叉研究平台和科技创新基地，打造学科内涵关联、空间分布集聚的原始创新集群。发挥基础研究和原始创新的引领作用，吸引高水平大学、科研机构和创新型企业入驻，强化开放共享，促进科技成果转化，有效支撑成渝全域高水平创新活动。

第二节　优化创新空间布局

统筹天府国际生物城、未来科技城和成都高新区等资源，建设西部（成都）科学城。瞄准新兴产业设立开放式、国际化高端研发机构，建设重庆两江协同创新区。依托重庆大学城、重庆高新区等，夯实智能产业、生物医学发展基础，建设西部（重庆）科学城。高水平建设中国（绵阳）科技城，鼓励大院大所发展孵化器、产业园。以“一城多园”模式合作共建西部科学城。推动中国科学院等在双城经济圈布局科研平台。

第三节　提升协同创新能力

强化创新链产业链协同。坚持企业主体、市场导向，健全产学研用深度融合的科技创新体系，建设产业创新高地。鼓励有条件的企业组建面向行业共性基础技术、前沿引领技术开发的研究院，支持创新型领军企业联合行业上下游组建创新联合体。支持高校、科研机构和企业共建联合实验室或新型研究机构，共同承担科技项目、共享科技成果。建设一批产业创新中心、技术创新中心、制造业创新中心、工程研究中心等创新平台和综合性检验检测平台。

推动区域协同创新。实施成渝科技创新合作计划，联合开展技术攻关，参与实施高分卫星、载人航天、大型飞机、长江上游生态环境修复等国家重大科技任务，积极申报航空发动机、网络空间安全等科技创新重大项目。鼓励共用科技创新平台和大型科研仪器设备，共建创业孵化、科技金融、成果转化平台，打造成渝地区一体化技术交易市场。完善区域知识产权快速协同保护机制，支持设立知识产权法庭。鼓励区域内高校、科研院所、企业共同参与国际大科学计划和大科学工程。

第四节 营造鼓励创新的政策环境

大力吸引创新人才。实施有吸引力的人才政策，引进和培养高水平创新人才队伍，鼓励科技人才在区域内自主流动、择业创业。支持在人才评价、外籍人才引进等政策创新方面先行先试。鼓励成渝地区大学面向全球招生，引进优秀博士后和青年学者。支持引进国内外顶尖高校和科研机构在成渝地区合作建设研究院和研发中心，设立长期、灵活、有吸引力的科研岗位。

深化科技创新体制改革。深入推进职务科技成果所有权或长期使用权改革试点，探索高校和科研院所职务科技成果国有资产管理新模式。深化政府部门和科研单位项目资金管理制度改革，允许科研资金跨省市使用。探索建立两省市改革举措和支持政策异地同享机制。

健全创新激励政策体系。加大对引进高水平研发机构和先进科技成果的支持力度。综合运用财政、金融等政策手段激励企业加大研发投入力度，引导创业投资机构投资早中期、初创期科技型企业，依法运用技术、能耗、环保等方面的标准促进企业技术改造和新技术应用。支持通过股权与债权相结合等方式，为企业创新活动提供融资服务。支持符合条件的创新型企业上市融资。

第七节 | 解读“第七章打造富有巴蜀特色的国际消费目的地”

打造富有巴蜀特色的国际消费目的地是《规划纲要》明确的九项重点任务之中的第五项，其核心目标是进一步释放成渝地区的消费需求，引领和带动中国西部消费市场发展壮大，进而与区域内高质量供给相匹配，有力支撑国内大循环的建设和完善。随着我国经济高质量发展的持续推进，消费在国民经济总体发展中地位不断升高。根据国际经验以及产业经济理论，当区域经济发展到一定阶段后，消费将成为与投资并驾齐驱的发展动力，而拥有接近 1 亿人口规模数量的成渝地区就必定是一个充满巨大潜力的消费市场。近年来，成渝地区生产总值、居民收入、社会消费品零售总额增长率均高于全国水平也印证着这一点，因此成渝地区具有构建以消费为经济发展新动力的基础和优势。

值得注意的是，《规划纲要》对成渝地区发展消费的定位颇具特色，着重明确“巴蜀特色”和“国际消费”两大关键词。“巴蜀特色”是将成渝地区的历史文化、区域资源、消费特征结合起来发展消费，统筹进行特色供给，并创造出相应需求；“国际消费”则是将成渝地区的消费市场置于更广阔的空间来考虑，强调成渝要在今后作为国际消费市场，为世界各国提供高质量的商品和服务。遵循这一定位，《规划纲要》分成三小节，详细阐释实现目标的具体路径。

第一节从空间上对成渝如何打造高品质的消费场景加以说明。跟《规划纲要》的前几项任务相似，打造消费场景也需要根据城市的规模和特征，进行分门别类，作出规划和设计。成都和重庆作为在国际已经具有一定影响力和美誉度的城市，拥有打造综合性国际消费中心城市的相应基础，而区域内其他城市在国内国际的知名度并不高，建设消费市场要联系城市实际状况，因此较为有限的资源会优先倾斜到最具发展优势的领域。例如，乐山等城市的美食较为出色，能够吸引国内国际的“好吃嘴”前去消费；自贡等城市的恐龙全球知名，对国内国际恐龙爱好者颇有吸引力，前去观摩的人数相当可观。同时成渝之间还有一大批城市仍保留着独具特色的地方民俗以及节庆活动，值得挖掘开发。在尊重地方特色的基础上，《规划纲要》也强调协同和共建，提出“共建巴蜀文化旅游走廊”，将三国文化、巴蜀历史、大足石刻等人文资源和大熊猫、长江三峡、峨眉山等自然资源进行有机整合，规划串联成一个层次多样、内容多元的新型整体，打造成渝高品质旅游品牌。此外，成渝地区仍有大面积的乡村区域，这些区域也能参与融入川渝旅游发展建设。近年来，许多农民在单一务农的基础上，将多余的精力用于对乡村观光、乡村民宿、乡村研学等场景的打造。以农事活动为代表，以田野风景为特色，能够亲近土地、俯身拥抱自然的西部乡村风光可以吸引国内外大量游客的到来。换言之，乡村文旅融合发展和农业向服务业转型已经成为成渝地区消费场景的另一重要领域。

第二节从业态上明确成渝应当重点着力的方向。成渝地区的川菜、火锅、盖碗茶、小吃等美食历史悠久、名声远扬，是成渝地区传统消费中的最大特色，但伴随成渝建设国际消费目的地，海外餐饮企业正挤压着本地餐饮企业的市场规模，因此本地餐饮必须要根据这些竞争对手的实力同步提升自己的产品和服务能力，尤其是提升品牌化的建设能力，从而在竞争优胜的基础上，还能推动成渝美食“走出去”，进入连锁化、品牌化的发展阶段。在旅游领域亦是同理，需要在传统观光旅游的单一模式基础上改造升级，因地制宜融入山地户外运动、汽车摩托车运动、航空运动等参与感更强、消费力更强的休闲游玩方式。成渝在会展博览方面一直是西部地区的“老大”，糖酒会、西博会等全国性博览展会都在这里举办，但在新冠病毒感染疫情暴发后，线下展览往往难以如期进行，而线上展览却因祸得福，快速发展壮大，成渝地区应关注展览方面的新变化，开发应用AR/VR等新技术，共同探索线上展会的全新可能，推动线上线下展览的全面融合发展。《规划纲要》还对社会服务消费提出提升供给质量的新要求。除了传统场景外，成渝地区应当在新消费场景中紧跟潮流，参与建设网络直播、短视频、社交电商等线上服务，并在假日经济、夜间经济等消费模式和市场业态营建上加快脚步，充分释放居民和游客的消费需求，加快和提高经济循环的速度和效率。

第三节强调成渝地区安全友好的消费环境打造。消费环境关乎着声誉和商誉，只有安全友好，同时保护消费者和商家的消费环境，才能不断吸引消费者和供给者在成渝地区聚集，从而做大区域性消费市场。要想实现这一目标，一是要提升消费者在消费场景中的便利化程度。所有的消费场景都要围绕便捷消费者的意图来建设。其中尤其是要与国际消费目的地对标学习，引进更加先进、更加人性化的消费场景管理手段，在新建立的免税店、机场等场所先行实施，渐次铺开，逐层扩展到所有消费场所。二是要重视消费者权益保障。要将整个地区的产品和服务供给标准统一提高到较高程度，对产品质量优良、服务态度良好的企业进行鼓励表彰，针对不诚信经营的企业，制定负面清单管理制度。在营造良性竞争的市场环境的同时，发动社会监督，使得成渝地区的本地居民和外来游客愿意消费、敢于消费、放心消费。《规划纲要》强调要完善消费环节经营者首问责任制度和赔偿先付制度，这将切实保障消费者的合法权益，从全国范围来看，成渝在这一制度建设上已经达到一流水平。

综合来看，《规划纲要》中打造富有巴蜀特色的国际消费目的地这一章内容不仅详细阐释成渝地区围绕这一目标如何开展工作，而且同前几项重要任务进行有机结合，共同呼应总体要求。在高品质消费空间的打造上，本章遵循纲要第三章提出的“推动构建成渝地区新发展格局，重点消费城市与区域中心城市基本能够保持一致，同时做大做强消费也是这些城市推动经济高质量发展和融入成渝地区双城经济圈整体格局”的重要路径。在多元融合的消费业态打造上，本章与《规划纲要》第五章产业体系打造形成相互照应，许多城市美食业态的产生与当地食品饮料产业的发展息息相关，如宜宾、泸州的白酒产业十分知名，在此坚实基础上，本地可打造白酒文化主题特色旅游项目，吸引各地游客前来打卡消费。与此同时，当地也相当重视对白酒新产品的研发，在近年来，宜宾五粮液、泸州老窖均提出国际化战略，针对国外市场研制低度白酒销往全世界，这有利于拓展白酒消费市场，促进成渝地区食品饮料产业“走出去”。在消费环境打造上，本章完全遵循《规划纲要》第二章的总体要求，按照以人为本等重点原则，强调维护消费者的合法权益，并注重与国际通行规则、国内一流规则进行匹配，集中展现成渝地区推动消费国际化的坚定决心。可以预见，成渝地区打造巴蜀特色的国际消费目的地，能够引导更多消费需求向西部地区释放，将极大促进西部地区的经济社会发展，切实提高西部地区人民的收入。成渝地区打造成为全国文化旅游消费的“后花园”，将有力支撑国内大循环的构建。

▷▷▷ **纲要原文**

第七章　打造富有巴蜀特色的国际消费目的地

以高质量供给引领和创造市场新需求，坚持高端化与大众化并重、快节奏与慢生活兼具，激发市场消费活力，不断增强巴蜀消费知名度、美誉度、影响力。

第一节　营造高品质消费空间

打造城市消费品牌。支持重庆、成都塑造城市特色消费品牌，打造国际消费中心城市。推动涪陵、合川、乐山、雅安、南充等发展人文休闲、度假康养，打造成渝“后花园”。发挥宜宾、泸州白酒品牌优势。推动万州、江津、铜梁、自贡、内江等围绕特色美食、传统工艺产品、民俗节庆、自然遗迹等，建设特色消费聚集区。改造提升商业街区，集聚高端消费资源，打造世界知名商圈。建设一批人文气息浓厚的特色商业名镇。

共建巴蜀文化旅游走廊。充分挖掘文化旅游资源，以文促旅、以旅彰文，讲好巴蜀故事，打造国际范、中国味、巴蜀韵的世界级休闲旅游胜地。打造贯通四川、重庆的文化遗产探秘、自然生态体验、红色文化体验等一批精品旅游线路，扩大长江三峡、九寨沟、武隆喀斯特、都江堰-青城山、峨眉山-乐山大佛、三星堆-金沙、三国文化、大足石刻、自贡彩灯等国际旅游品牌影响力。规划建设长征国家文化公园（重庆段、四川段）。打造绵竹熊猫谷和玫瑰谷，探索川西林盘、巴渝村寨保护性开发，依托特色自然风光、民俗风情、农事活动等，发展巴蜀乡村旅游。推动黔江与周边区县文旅融合发展，建设文化产业和旅游产业融合发展示范区。

第二节 构建多元融合的消费业态

推动消费供给升级。促进经典川菜、重庆火锅、盖碗茶等餐饮产品品牌化，创建美食地标。推动传统文化和全新科技元素融入创意设计产业，提升传媒影视、动漫游戏、音乐演艺等产业发展水平，支持举办有国际影响力的时装周、电影节、艺术节等文化展演活动。发展水上运动、山地户外运动、汽车摩托车运动、航空运动等，布局建设自驾游营地和野外露营地，发展乡村民宿，推出温泉、游轮、徒步、自驾等一批特色化、品质化旅游产品，大力发展"旅游+"产品。提升健康、养老、托育、家政服务等市场化供给质量，壮大社会服务消费。

发展消费新场景。引导网络直播、短视频等新消费形态健康发展，促进直播电商、社交电商等线上新模式新业态发展，推动教育、医疗等服务线上线下交互融合。鼓励发展智慧门店、自助终端、智能机器人等“无接触”零售。发展更多参与式、体验式消费模式和业态。发展假日经济，丰富夜市、夜展、夜秀、夜游等夜间经济产品，建设一批夜间文旅消费集聚区，擦亮“两江游”“街巷游”等夜间经济名片，展现国际时尚范、巴蜀慢生活。

第三节　塑造安全友好的消费环境

完善消费促进政策。规范发展消费金融，在风险可控、商业可持续前提下稳妥开发适应新消费趋势的金融产品和服务。拓展移动支付使用范围，提升境外人员在境内使用移动支付便利化水平。研究将闲置厂房、办公用房等改为商业用途的支持政策。支持符合条件的地区建设市内免税店、口岸免税店、离境提货点。优化离境退税服务，促进国际消费便利化。

健全消费者权益保障制度。推动服务标准化建设，发布行业优质企业名录，鼓励企业开展消费体验评价并公开评价结果。对涉及安全、健康、环保等方面的产品依法实施强制性产品认证（CCC 认证），建设针对食品、药品等重点产品的溯源公共服务平台，推动溯源信息资源稳妥有序向社会开放。加强重点领域广告监管。鼓励线下实体店自主承诺无理由退货，探索建立特色旅游商品无理由退货制度。健全消费领域信用监管体系，加强信用信息采集，开展消费投诉信息公示，强化社会监督。完善消费环节经营者首问责任制和赔偿先付制度。

第八节 | 解读“第八章共筑长江上游生态屏障”

共筑长江上游生态屏障是《规划纲要》明确的九项重点任务之中的第六项，也是党中央推进生态文明建设的重要抓手。长江贯穿四川和重庆辖区内多个城市，自古以来都是川渝地区的重要交通干道，李白一联“夜发清溪向三峡，思君不见下渝州”的诗句完美呈现在唐代长江对于川渝地区交通链接的重要性。新中国成立以来，长江在推动我国现代化发展中起到重要作用，但同时也深陷开发过度、使用过度的困境。《中华人民共和国长江保护法》出台后，在发展中保护绿水青山，在保护中转型迈向绿色高质量发展成为推动长江发展的指导性意见，为长江流域生态环境的保护和修复提供了法律保障。

习近平总书记指出：“修复长江生态环境，是新时代赋予我们的艰巨任务，也是人民群众的热切期盼。”2022 年 6 月，习近平总书记到四川考察时听取当地推进长江流域生态修复保护、实施长江水域禁捕退捕等情况介绍后强调，保护好长江流域生态环境，是推动长江经济带高质量发展的前提，也是守护好中华文明摇篮的必然要求。四川地处长江上游，要增强大局意识，牢固树立上游意识，坚定不移贯彻共抓大保护、不搞大开发方针，筑牢长江上游生态屏障，守护好这一江清水。

第一节强调长江生态网络建设和生态管控。生态环境是一个有机整体，对长江的保护不能就长江谈长江，而是要站在生态网络的高度上，将长江与周边水系、湖泊、水库等相关事物联系起来统筹进行，并同珍稀濒危动植物保护、三峡库区生态建设等工作联动开展。同时，由于生态环境是一个不以行政区划为边界的跨地域概念，四川和重庆就必须共同参与推动完成，在“共抓大保护”基础上实施“共抓生态管控”，目前《规划纲要》中提出的“三线一单”生态环境分区管控制度、流域水资源统一管理和联合调度、跨流域跨区域横向生态保护补偿机制等需要川渝两地共同实施的项目都已经在有序进行中，推进生态敏感区生态搬迁等项目也正在积极探索。针对过去难以管控的省级交界区域、市级交界区域破坏生态环境的违法行为，川渝两地依法开展和实施一系列联合查处，这些两地共抓共治的行动有力地保护了长江上游的生态环境。

第二节着重留意污染的跨界协同治理。空气、水等资源受污染后，污染往往会向周边区域蔓延，造成相邻区域的污染，源头地区的污染甚至会不断延伸从而导致下游地区发生一系列污染。过去在行政分立管制制度下，受到污染的下游地方很难推动源头治理，从而造成生态环境持续污染。在成渝地区双城经济圈建设背景下，针对无法跨区域进行的水体环境、大气污染、土壤污染等问题，《规划纲要》从四个方面提出实施路径：一是建立一套统一的环保标准，对于不同城市关于环保标准不同界定导致的污染问题，在成渝地区有序制定修订统一的大气、水、土壤以及危险废物、噪声等领域环保标准基础上，实施统一执法，集中管理，以最大限度地避免因标准不同而导致治理不彻底的情况。二是针对上游影响下游的水体污染问题，首先要完善水体检测，精准找到污染源头，避免上游行政单位间相互推诿；其次是推行流域内联合巡河，将排污口等重点污染源纳入统一监管；最后针对具体问题提出相应解决方案，以沱江等受过较大污染的水体为试点，探索实现可复制、能推广的治理方案。三是针对大气污染的突发情况和长期治理，首先是设立重污染天气共同应对机制和形成应急响应一体联动机制，这能够解决以往单一城市应对重污染天气的能力不足问题。其次是要建设川渝地区跨省市空气质量信息交换平台，根据某地的空气污染情况，预先进行防控，尽量减少空气污染对城市的突发性冲击。最后对于川渝清洁能源的开发，更多强调构建环境友好型能源供应能力，逐步优化当前能源结构。四是针对土壤污染进行土壤修复，土壤安全关乎农业发展，受污染土壤种植出的农产品无法通过检验进入市场，造成粮食资源浪费。在城市垃圾日益增多的背景下，成渝地区尤其要联合打击危险废物非法跨界转移、倾倒等违法行为，推进所有城市向“无废城市”转变，为农业发展营造良好土壤环境。

第三节在环境治理与保护的基础上重视进行绿色发展。按照“两山论”和“在保护中发展”的原则，成渝地区在共同筑牢长江上游生态屏障过程中，应当适度发展，推动发展与保护一体升级。《规划纲要》重点提出三个方面的路径：一是构建绿色产业体系。特别是推动绿色发展和工业转型升级，最大限度地利用新型技术解决传统工业、旧工业对生态环境造成的破坏和污染难题。在构建成渝地区现代产业体系过程中，大力实施节能减排工程，联合打造一批绿色技术创新中心，帮助企业解决能耗、排污等方面的问题。二是倡导绿色生活方式。随着中心城市逐步扩大，生活垃圾大量堆积、耗电耗水成为继工业污染后生态环境面临的又一挑战。若对成渝地区近亿人口所消耗的物资进行资源回收和再利用，发展再生资源回收产业，化挑战为机遇，将有效解决因人口压力导致产生的环境问题。同时，鼓励居民在购买电动汽车、对垃圾设置分类处理、节约日常用电等生活行为加以改善，有效减少二氧化碳的排放。三是开展绿色发展试验示范，将生态价值转化为经济价值。重点支持万州及渝东北地区探索三峡绿色发展新模式、四川天府新区公园城市建设、在重庆广阳岛开展的长江经济带绿色发展示范、沱江绿色发展经济带等实施项目，这些先行示范区将从不同领域先行先试、尽快突破，从而推广到整个成渝地区乃至西部地区。

综合来看，成渝地区共筑长江上游生态屏障要在共抓大保护、不搞大开发的原则下进行。放在第一位的就是修复长江生态环境，必须将其摆在压倒性位置。只有搞好环境基本治理，才能将生态破坏控制在一定程度内，否则人类的生活空间将受到严重挑战。其次是深入践行绿水青山就是金山银山的绿色发展理念，在保护中发展。利用新的技术手段和发展模式，在不增加生态负担的情况下，将生态价值转化为经济利益，最好能实现生态价值和经济价值的同步提升，这就要求四川天府新区等先行先试区率先走出一条成功的道路，提供绿色发展的实践经验。此外，还有一个比较重要的转变是要推进实施生态功能区战略，这将改变过去每个城市、每个区域都强调经济优先的发展模式。战略规划将适宜生态保护和涵养的区域单列出来，成立生态功能区，主要负责塑造生态价值，而非全部用于实现经济价值，这会兼顾生态保护和经济发展利益，避免先破坏后修复，产生资源浪费。可以预测，成渝地区双城经济圈参与共筑长江上游生态屏障，这一举动将会支撑国家全面加快生态文明建设的伟大战略。通过建立健全国土空间规划体系和山水林田湖草生命共同体，在形成人与自然和谐共生的格局中，探索总结一条西部内陆地区绿色发展的独特道路，引领整个西部地区在保护中发展、在发展中保护。

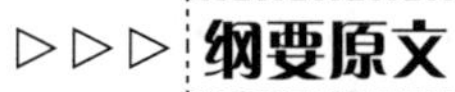

第八章　共筑长江上游生态屏障

坚持共抓大保护、不搞大开发，把修复长江生态环境摆在压倒性位置，深入践行绿水青山就是金山银山理念，坚持山水林田湖草是一个生命共同体，深入实施主体功能区战略，全面加快生态文明建设，建立健全国土空间规划体系，形成人与自然和谐共生的格局。

第一节　推动生态共建共保

共建生态网络。构建以长江、嘉陵江、乌江、岷江、沱江、涪江为主体，其他支流、湖泊、水库、渠系为支撑的绿色生态廊道。依托龙门山、华蓥山、大巴山、明月山等，实施森林生态系统休养生息和矿区恢复治理，共筑绿色生态屏障。加大对重点流域、三峡库区

“共抓大保护”项目支持力度，实施“两岸青山·千里林带”等生态治理工程。推动大熊猫国家公园建设，加强珍稀濒危动植物保护。加快各类自然保护地整合优化，强化重要生态空间保护。打造龙泉山城市森林公园。强化周边地区生态系统保护和治理，加强三峡库区小流域和坡耕地水土流失综合治理，实施三峡库区消落带治理和岩溶地区石漠化综合治理。

共抓生态管控。统筹建立并实施双城经济圈及其周边地区“三线一单”生态环境分区管控制度。加强流域水资源统一管理和联合调度。建立跨流域跨区域横向生态保护补偿机制。加大国家和省级生态保护补偿资金对长江上游生态屏障建设支持力度。严格执行生态损害赔偿制度。试点推进生态敏感区生态搬迁。落实好长江十年禁渔，实施长江上游流域重点水域全面禁捕，严厉打击非法捕捞，建立禁捕长效机制。依法联合查处交界区域破坏生态环境的违法行为。

第二节　加强污染跨界协同治理

统一环保标准。制定统一的环保标准编制技术规范，联合开展现行环保标准差异分析评估，有序制定修订统一的大气、水、土壤以及危险废物、噪声等领域环保标准。坚持一张负面清单管川渝两地，严格执行长江经济带发展负面清单管理制度体系，建立健全生态环境硬约束机制。开展跨区域联合环境执法，统一管控对象的界定标准和管控尺度，共同预防和处置突发环境事件。完善重大基础设施建设项目环境影响评价制度。

推进跨界水体环境治理。完善跨省市水体监测网络，建立上下游水质信息共享和异常响应机制。开展联合巡河，加强工业污染、畜禽养殖、入河排污口、环境风险隐患点等协同管理。加强三峡库区入库水污染联合防治，加快长江入河排污口整改提升，统筹规划建设港口船舶污染物接收、转运及处置设施，推进水域“清漂”联动。推动毗邻地区污水处理设施共建共享。支持在长江、嘉陵江一级支流开展水环境治理试点示范，深化沱江、龙溪河、岷江流域水环境综合治理与可持续发展试点。完善饮用水水源地风险联合防控体系。

深化大气污染联防联控。建设跨省市空气质量信息交换平台，发挥西南区域空气质量预测预报中心作用，实施联合预报预警。建立重污染天气共同应对机制，推进应急响应一体联动。探索实施细颗粒物（PM2.5）和臭氧（O3）污染连片整治。实施“散乱污”企业清理整治，依法淘汰落后产能，加快淘汰老旧车辆，加强油品质量联合监督。创建清洁能源高质量发展示范区，提高清洁能源消费比例。

加强土壤污染及固废危废协同治理。以沿江工业园区、矿山、受污染耕地、污染地块为重点开展修复与治理。推动固体废物区域转移合作，建立健全固体废物信息化监管体系。统筹规划建设工业固体废物资源回收基地和危险废物资源处置中心，加强尾矿库污染治理，推进毗邻地区处置设施共建共享。依法严厉打击危险废物非法跨界转移、倾倒等违法行为。推动地级以上城市医疗废物集中处置设施全覆盖，县级以上城市及县城医疗废物全收集、全处理，并逐步覆盖到建制镇。协同开展“无废城市”建设。

第三节 探索绿色转型发展新路径

构建绿色产业体系。培育壮大节能环保、清洁生产、清洁能源产业，打造国家绿色产业示范基地。联合打造绿色技术创新中心和绿色工程研究中心，实施重大绿色技术研发与示范工程。实施政府绿色采购，推行绿色产品优先。鼓励国家绿色发展基金加大向双城经济圈投资力度。推行企业循环式生产、产业循环式组合、园区循环化改造，开展工业园区清洁生产试点。落实最严格的水资源管理制度，实施节水行动，加大节能技术、节能产品推广应用力度。深化跨省市排污权、水权、用能权、碳排放权等交易合作。

倡导绿色生活方式。共建绿色城市标准化技术支撑平台，完善统一的绿色建筑标准及认证体系，推广装配式建筑、钢结构建筑和新型建材。推动可再生能源利用，支持能源互联网创新，统筹布局电动汽车充换电配套设施。加快推进垃圾分类，共建区域一体化垃圾分类回收网络体系。完善对汽车等的强制报废配套政策，统筹布局再生资源分拣中心，建设城市废弃资源循环利用基地。鼓励创建国家生态文明建设示范市县，深入开展爱国卫生运动。

开展绿色发展试验示范。支持万州及渝东北地区探索三峡绿色发展新模式，在生态产品价值实现、生态保护和补偿、绿色金融等领域先行先试、尽快突破，引导人口和产业向城镇化地区集聚，走出整体保护与局部开发平衡互促新路径，保护好三峡库区和长江母亲河。支持四川天府新区在公园城市建设中先行先试，开展可持续发展创新示范，实施城市生态用地改革创新，探索建立公园城市规划导则、指标评价、价值转化等体系。支持重庆广阳岛开展长江经济带绿色发展示范。建设沱江绿色发展经济带。

第九节｜解读“第九章联手打造内陆改革开放高地”

联手打造内陆改革开放高地是《规划纲要》明确的九项重点任务之中的第七项。环顾当今世界，传统贸易体系和国际治理体系加速重构，全球产业链、供应链、价值链深入变革，世界经济依然离不开各国的开放合作，发展中国家和经济体仍在享受经济全球化带来的发展机遇。

对于成渝地区而言，虽然在开放发展方面落后于东部沿海地区，但是在西部大开发政策的指引下，川渝逐渐提升着区域对外经济联系的紧密程度。成都、重庆两大核心城市依托产业基础与区域优势，吸引超过三百家世界 500 强企业集聚于此，并凭借独特的历史文化、山川秀景、美食旅游等文旅资源享誉世界。与此同时，开放必然伴随着改革，成渝地区正在积极推动营商环境改革、市场体制改革、经济区与行政区相对分离改革等工作加快开展。因此，《规划纲要》坚持以开放和改革“双轮驱动”，提出联手打造内陆改革开放高地这一重要任务。由于开放和改革方面内容都放在本章节，故而本章由六节组成，略微多于其他章。

第一节强调加快构建对外开放大通道。客观来看，西部内陆地区省市要实现对外开放，依旧需要克服地理阻隔、交通不便、无法海运的难题，不打通这些阻碍，就无法缩短与沿海地区的差距，因而《规划纲要》首先对备受关注的成渝地区对外开放大通道建设问题加以说明。这里的对外开放大通道主要是指成渝地区通向周边国家及世界的综合型交通通道，囊括西部陆海新通道、亚欧通道、依托长江黄金水道和沿江铁路的东向开放通道等几大关键物流通道。西部陆海新通道以重庆为重点主枢纽，发挥其与新加坡等东盟国家长期合作的基础优势，推动成渝地区融入中国-中南半岛、孟中印缅等重要经济走廊。亚欧通道则是以中欧班列（成渝）为重点，以重庆兴隆场、成都北中欧班列为枢纽节点，积极衔接中蒙俄经济走廊，深化同俄罗斯、中东欧、西欧等国家的经贸合作交流。而东向开放通道就致力于构建通江达海的陆水港航联动通道，重点优化“沪渝直达快线”运行机制，推动成渝地区双城经济圈与日韩、欧美等国家和地区贸易合作。通过这些对外开放的主要通道建设，连同原有现代交通基础设施体系，将形成内外联动的交通体系，推动成渝地区双城经济圈实现陆海内外联动、东西双向互济的开放格局。

第二节提出要高水平推进开放平台建设。区域对外开放的高水平建设必须要依托开放平台来实现。成渝地区双城经济圈正在这条发展路线上大步向前，通过不断优化本土开放平台，现今已经在区域内聚集起大量世界500强企业，其中不乏电子信息、生物医药、装备制造等领域的“国际大腕”。例如重庆高新区、两江新区等高水平开放平台就已经吸引到德国大陆、托克、西门子、三菱电机等国际企业参与入驻，而成都高新区、天府新区等高水平开放平台则集聚着英特尔、德州仪器、拉法基、拜耳、索尼等国际企业，成渝之间的其他城市推进建立的高新区、经开区、国别合作园区等开放园区或多或少也收获一些重大外商投资项目的青睐。成渝地区开放平台在未来会从单纯的工厂模式全面转向加工、贸易、咨询、金融、法律等于一体的综合型服务平台。这将会帮助国际企业快速对接地方政府和相关企业，同时也推动着本土地区积极“走出去”，实现国际化业务的全球布局。随着高水平开放平台的不断完善，必将助力成渝地区今后成为中国西部的外资集聚地和外资首选地。

第三节关注加强国内区域合作。成渝地区双城经济圈的开放道路不仅涉及对外开放，也会参与到对内开放合作中，即与东部沿海地区、中部地区以及西部其他地区的协同发展。与东部沿海地区的合作要增强与京津冀协同发展、粤港澳大湾区建设、长三角一体化发展等重大战略的对接能力，在科技创新、产业协作等多方面实现合作共赢。而与中部地区的合作要依托长江经济带的合作机制，共同推进长江黄金水道、沿江铁路、成品油输送管道等交通纽带建设，同时做好长江流域常态化横向生态保护补偿。与西部其他地区的合作要建立在加强同关中平原、兰州、西宁、贵阳等地在能源、物流、产业等领域的合作基础上，并发挥成渝地区的辐射带动作用，通过成渝对外开放通道，将西部地区的资源优势转化为贸易和产业优势。

第四节着眼于构造一流营商环境。营商环境是重要的发展基础，随着对外开放大门的持续打开，外资不断涌入国门，顺应这种投资趋势，我国将会对外商投资营商环境作出相应调整，使其更为适合国家发展需要。成渝地区双城经济圈在优化传统营商环境的工作基础上，正在对标北上广深等标杆城市，着力打造国际化营商环境标杆城市群和都市圈。成渝地区双城经济圈正与国际经贸体系加快接轨，建设规范、高效、公平的市场秩序，尤其是在特别区域全面经济伙伴关系协定（RCEP）、中欧投资协定相继生效后，成渝两地还有许多后续工作等待处理，在外资准入管理、贸易便利化自由化以及知识产权、电子商务等方面都要进一步对接国际规则。此外，成渝两地政府在加紧规划建立开放型产业体系，紧紧追踪世界科技发展和国际生产力布局调整，助力推进地区产业结构调整和全面升级，大力鼓励面向国际市场的生产和服务型经济建设，推动护航现有企业加大力度开拓国际市场。

第五节指出要增强市场主体活力。成渝地区双城经济圈建设上升为国家战略后，川渝两地乃至全国的企业家对成渝地区双城经济圈的未来发展更加充满信心，许多企业家都表示将积极发挥市场主体作用，助力唱好“双城记”、共建经济圈。《规划纲要》提出，要搭建川商渝商综合服务平台，引导川渝两省市商（协）会和重点民营企业共同开展项目推介、银企对接，这样能够更好地发挥民营经济链接两地人才与技术形成合力创新的协同作用。对于国有企业，则要有序推进国有企业混合所有制改革，充分发挥国有资本投资运营公司的功能作用，使国有企业真正成为独立市场主体，进而同民营企业共同成为成渝地区具有国际竞争力的市场主体。

第六节旨在探索经济区与行政区适度分离改革。行政区是国家对所辖领土为便于行政管理而进行合理分级的区域，经济区则是在经济规律作用下形成的区域性经济综合体，两者本身并不矛盾。随着成渝地区经济地理的不断重塑，经济活动在空间分布上的变化频率也相应拔高，但客观事实上行政区划的调整周期一般较长，难以快速适应经济区域的高频变化，因此，为推动成渝地区经济区与行政区更加匹配，进而促进整个区域经济效率达到最优，《规划纲要》提出要在若干领域、若干区域率先实现超越行政区划管理范围，从而提升经济发展效率的工作要求。除已经提及的川南渝西等空间范围外，以资阳、内江等城市作为连接的“成渝主轴”将是改革发展的一个新方向。同时，为避免各行政区域因利益分享不均等问题“扯皮”，《规划纲要》支持成渝地区推进税收征管一体化，建立互利共赢的地方留存部分税收分享机制等新型制度保证政策落实。

▷▷▷ **纲要原文**

第九章 联手打造内陆改革开放高地

以共建“一带一路”为引领，打造陆海互济、四向拓展、综合立体的国际大通道，加快建设内陆开放枢纽，深入推进制度型开放，聚焦要素市场化配置等关键领域，深化综合配套改革试验，全面提升市场活力，在西部改革开放中发挥示范带动作用。

第一节 加快构建对外开放大通道

合力建设西部陆海新通道。深化西部省区市协作，支持发挥重庆通道物流和运营组织中心、成都国家重要商贸物流中心作用，共同建设跨区域平台，统筹设置境内外枢纽和集货分拨节点。支持建立铁路运输市场化与政府购买服务相结合的定价机制，降低综合运价水平。对接21世纪海上丝绸之路，推动国际陆海贸易新通道合作，与新加坡合作推动东盟及相关国家共同参与通道建设，探讨衔接中国－中南半岛、孟中印缅等经济走廊和中欧班列建设合作。

统筹完善亚欧通道。加强协调联动，推动中欧班列高质量发展，打造西向开放前沿高地，紧密对接丝绸之路经济带。统筹优化中欧班列（成渝）去回程线路和运力，推动集结点、代理、运输、仓储、信息等资源共建共享，强化多式联运衔接，探索国际贸易新规则，提高通关便利化水平，增强国际竞争力。完善跨境邮递体系，建设铁路口岸国际邮件互换中心。打造重庆兴隆场、成都北中欧班列枢纽节点。开拓中欧班列中、东通道，积极衔接中蒙俄经济走廊。

优化畅通东向开放通道。依托长江黄金水道和沿江铁路，构建通江达海、首尾联动的东向国际开放通道，扩大与日韩、欧美等国家和地区经贸合作。加强陆水、港航联动，开通往返主要港口的“水上穿梭巴士”和铁水联运班列，建设统一运营品牌，提高进出口货物运输效率、降低运输成本。推进沿江省市港口、口岸合作，优化“沪渝直达快线”运行机制，提高通关效率。

第二节　高水平推进开放平台建设

建设川渝自由贸易试验区协同开放示范区。加大力度推进首创性、差异化改革，支持重庆、四川自由贸易试验区协同开放，试行有利于促进跨境贸易便利化的外汇管理政策。探索更加便利的贸易监管制度。在双城经济圈复制推广自由贸易试验区改革创新成果。扩大金融、科技、医疗、贸易和数字经济等领域开放。

打造内陆开放门户。以重庆两江新区、四川天府新区为重点，优先布局国家重大战略项目、试点示范项目，创建内陆开放型经济试验区。扩大包括第五航权在内的国际航权开放，按规定积极扩大铁路、港口、机场以适当方式对外开放，合理规划发展综合保税区、保税物流中心（B型）。加快建设中德、中法、中瑞（士）、中意等双边合作园区。培育进口贸易促进创新示范区，建设“一带一路”进出口商品集散中心。

高标准实施高层级开放合作项目。推进中新（重庆）战略性互联互通示范项目，合规有序发展供应链金融和特色跨境金融服务平台，依托贸易金融区块链平台，探索形成贸易金融区块链标准体系。推动建设中新金融科技、航空产业、跨境交易、多式联运等领域合作示范区，建设第三方飞机维修中心，共同打造国际数据港。开展中日（成都）城市建设和现代服务业开放合作示范项目，建设药物供应链服务中心、先进医疗服务中心，推动科技、金融等领域合作。

共建“一带一路”对外交往中心。支持举办重要国际会议和赛事。支持共建“一带一路”科技创新合作区和国际技术转移中心，共同举办“一带一路”科技交流大会。高标准举办中国国际智能产业博览会、中国西部国际投资贸易洽谈会、中国西部国际博览会、中国（绵阳）科技城国际科技博览会等国际大型会展。深化文化、教育、医疗、体育等领域国际交流，高质量建设国家文化出口基地，支持川剧、彩灯等中国文化走出去。加强国际友好城市往来。支持建立境外专业人才执业制度，放宽境外人员参加各类职业资格（不包括医疗卫生人员资格）考试限制，支持为外籍高层次人才来华投资就业提供入出境和停居留便利。

第三节　加强国内区域合作

加强与西部地区协调联动。加强与关中平原、兰州-西宁城市群联动，深化能源、物流、产业等领域合作，辐射带动西北地区发展。加强与北部湾、滇中城市群协作，把出境出海通道优势转化为贸易和产业优势，促进西南地区全方位开放。深化与黔中城市群合作，带动黔北地区发展。

有力支撑长江经济带发展。加强与长江中游和下游协作，共同推动长江经济带绿色发展。促进生态环境联防联治，加快建立长江流域常态化横向生态保护补偿机制。共同推进长江黄金水道、沿江铁路、成品油输送管道等建设。优化沿江经济布局，有序承接产业转移和人口迁移。

深化与东部沿海地区交流互动。对接京津冀协同发展、粤港澳大湾区建设、长三角一体化发展等重大战略，加强科技创新合作与科技联合攻关。鼓励与东部沿海城市建立产业合作结对关系，共建跨区域产业园区，促进项目、技术、人才等高效配置。支持沿海港口在双城经济圈设立无水港。深化三峡库区对口支援工作。

第四节　营造一流营商环境

建设高标准市场体系。共建统一的市场规则、互联互通的市场基础设施，加快清理废除妨碍统一市场和公平竞争的各种规定和做法。打破行政区划对要素流动的不合理限制，推动要素市场一体化，探索以电子营业执照为基础，加快建立公共资源交易平台市场主体信息共享与互认机制。探索建立“市场准入异地同标”机制，推进双城经济圈内同一事项无差别受理、同标准办理。全面实施外商投资准入前国民待遇加负面清单管理制度。推动信用一体化建设，逐步形成统一的区域信用政策法规制度和标准体系，支持共同开发适应经济社会发展需求的信用产品。

持续转变政府职能。深化“放管服”改革，对标国际一流水平，加快服务型政府建设，最大限度精简行政审批事项和环节，推行政务服务“最多跑一次”改革，发布“零跑腿”事项清单，加快实现区域内“一网通办”。推行企业简易注销登记，开展企业投资项目承诺制改革，深化工程建设项目审批制度改革。优化综合监管体系，建立健全行政执法联动响应和协作机制。

第五节 增强市场主体活力

深化国有企业改革。有力有序推进国有企业混合所有制改革，推动国有企业建立健全有效制衡的现代企业治理体制、高度市场化和灵活高效的现代企业经营机制、激励和约束并重的现代企业激励机制，推进国有企业经理层成员任期制和契约化管理，完善中国特色现代企业制度，切实激发国有企业发展活力和内生动力。支持开展区域性国资国企综合改革试验。支持以市场化方式设立成渝混合所有制改革产业基金，吸引更多资本参与国有企业改革。加快完善国资监管体制，充分发挥国有资本投资运营公司作用，推动国资监管从管企业向管资本转变，真正实现政企分开、政资分开，使国有企业真正成为独立市场主体。深化效率导向的国资经营评价制度改革。

大力发展民营经济。建立规范化、常态化政商沟通机制，畅通民营企业反映问题和诉求的渠道。积极缓解民营企业和中小微企业发展难题，创建民营经济示范城市。搭建川商渝商综合服务平台，引导川渝两省市商（协）会和重点民营企业共同开展项目推介、银企对接，鼓励川商渝商回乡创业。支持举办川渝民营经济发展合作峰会。

第六节　探索经济区与行政区适度分离改革

支持在重庆都市圈、成都都市圈以及川渝统筹发展示范区、川南渝西融合发展试验区等地，率先探索建立统一编制、联合报批、共同实施的规划管理体制，试行建设用地指标、收储和出让统一管理机制，探索招商引资、项目审批、市场监管等经济管理权限与行政区范围适度分离。支持在合作园区共同组建平台公司，协作开发建设运营，建立跨行政区财政协同投入机制，允许合作园区内企业自由选择注册地。以市场化为原则、资本为纽带、平台为载体，推动两省市机场、港口、中欧班列、西部陆海新通道等领域企业采取共同出资、互相持股等模式促进资源整合和高效运营。允许能源、电信、医疗等行业有序提供跨行政区服务。探索经济统计分算方式，支持建立互利共赢的地方留存部分税收分享机制，推进税收征管一体化。

第十节 | 解读“第十章共同推动城乡融合发展”

共同推动城乡融合发展是《规划纲要》明确的九项重点任务之中的第八项，其核心目标是促进城乡要素跨区域有序流动，促成川渝地区城乡生产力合理分配与优化布局，全面推进乡村振兴、城乡同步发展，为解决“三农”问题，缓解成渝双核虹吸效应，缩小城乡区域发展差距等难题作出解答，最终走好可持续发展道路，实现城乡区域的协调统一，带动区域内地区同步实现经济的高质量发展。

城乡关系是我国现代化建设进程中必须正确处理的重大关系，我国城乡关系政策历经从“统筹城乡发展”到“推动城乡发展一体化”再到“城乡融合发展”的三次转变。党的十九大报告提出，实施乡村振兴战略，要求建立健全城乡融合发展体制机制和政策体系，城乡融合发展是实现区域协调发展的关键，也是新型城镇化和乡村振兴战略的要求。近年来，成渝两地同步启动统筹城乡发展综合配套改革试验区，探索出不少富有成效的改革方案，在统筹城乡发展、推进新型城镇化领域进展显著。但成渝地区在城乡融合发展道路上仍面临着许多难题，如区域内城镇规模结构不尽合理，既有成都、重庆这样的特大城市，又有偏远山区及农村地区，城乡发展差距巨大，并且城乡要素流动不顺畅、公共资源配置不合理等问题也很突出，这种区域发展的不均衡将制约着成渝地区的长远发展。通过在成渝地区推动城乡要素的高效配置、城乡公共资源均衡配置、城乡产业协同发展，可以有效促进成渝地区双城经济圈“人地钱”等城乡要素的自由流动和城乡产业、城乡公共资源的融合发展，对推动国家乡村振兴战略，助力广大群众实现共同富裕，都具有深远的战略意义，并且在乡村振兴大局中起着关键性的支撑作用。另外，通过建设成渝地区国家城乡融合发展试验区，探索出一条可供借鉴、能够复制的城乡融合发展模式的新路，将为中西部乃至国内与成渝地区有着相似城乡模式的其他区域提供经验样本。

第一节强调人口、土地、资金等城乡要素高效配置的推进策略。促进城乡人口的有序流动就是要让农村人口“进得来”“留得住”，《规划纲要》中明确降低成渝双核城市落户限制门槛，使得川渝地区城乡居民的户籍迁移更加便利。只有让农村人口能“进得来”，人才和劳动力才能实现跨地区顺畅流动，将有利于优化都市圈内的人力资源配置。农村人口进入城市后，首先面临的难点就是需要适应新的生产体系和社会互动规范，而《规划纲要》提出要加强公共服务均等化水平，切实提升流动人口的社会融入感，让农村人口有条件、有办法、有能力融入新的城市生活，这些方针政策对农村人口进城后的融入需求作出回应，将有效平衡都市圈内城市人口、农村人口的各方利益，实现圈内劳动力的相互承认，进行统一标识。同时，《规划纲要》给予各类人才到乡村创新创业的政策支持，让人才没有后顾之忧，能够“留得住”。《规划纲要》在深化城乡土地制度改革方面提出探索工业项目标准地出让制度、混合产业用地供给模式、国有土地使用权到期续期制度等重大创新探索，有利于降低企业成本、实现职住平衡、盘活闲置资源。另外，《规划纲要》中针对城市建设投资、乡村振兴投资等问题提出发展基础设施领域不动产投资信托基金和支持引导工商资本在农村投资等诸多创新举措，还发行地方政府专项债券，将主要用于乡村振兴、农村产业融合发展等领域的建设项目，为增强城乡建设资金保障给予有力支持。

第二节推动城乡公共资源均衡配置。成渝地区目前仍处于发展不平衡不充分阶段，客观上导致城乡公共资源无法“平等配置”，只能将有限资源集中起来统筹安排，通过“均衡配置”来提升公共资源的服务效率。

配置过程中要注意以下四个方面：一是规划的统一衔接，特别是城乡接合部之间的“真空地带”，长期处于规划的边缘，未能更多参与到规划建设之中，造成大量资源的浪费，而统一的规划能弥补这些区域长期发展的不足。在具体方式的实践中，要推动“城市体检”“城市更新”“城市风貌管理”“遗产遗迹保护利用”等项目的铺设，这既有利于查找、防范、解决城乡基础设施建设管理中的风险和问题，增强成渝安全发展实力，又有利于将成渝地区的原有投资转化为有效投资，提升资源利用效率。二是城乡基础设施建设的一体化，特别关注的是公交线路接驳、市政管网向农村延伸、生活垃圾处理设施的一体化、应急避难场所的优化布局等重点内容，这体现成渝地区已经开始注重基础设施建设效率的提高，加紧弥补城乡之间基础设施建设的差距。三是城乡基本公共服务的均等化，特别回应长期以来受到广泛呼吁的关于加强农村教育、医疗、卫生设施的声音，通过部分体制机制改革，引导相关专业技术人员参加，将成渝地区的优质公共服务资源持续向农村地区注入，以提升乡村的基本公共服务水平。四是城乡基层治理体系的完善。发挥成都、重庆两大城市在社区治理中的经验，结合成渝地区农村特点，提出要“培育专业化社会组织和社会工作者队伍，调动企业履行社会责任积极性，畅通公众参与城乡治理渠道，推动政府、社会、企业、居民多方共治”等相关要求，以实现对城乡基层治理体系成果的共建共享。

第三节关注城乡产业的协同发展。随着城乡人口双向流动的趋势加剧，流向城市的乡村人口数量还会增加，成都、重庆两个超特大城市将会吸纳成渝地区大量人口，这就导致在川渝两地内部的广袤农村地区出现大量闲置土地。由此《规划纲要》提出要“依托相应公共资源交易平台，推动农村集体经营性建设用地、承包地经营权、宅基地使用权、集体林权等依法流转和高效配置，盘活农村闲置资源资产”，将这些闲置土地利用起来发展特色种植、生态养殖、乡村旅游等新兴产业，而由这些产业创造的新场景又能吸纳城市中相对过剩的资本，进而对城乡之间的整体经济潜力实现最大化挖掘，避免土地资源的闲置浪费。城乡产业的空间载体一般分为各类特色小镇和农业园区，成渝地区双城经济圈提出以来，川渝地区投资布局了大量特色小镇，有效带动了城乡经济发展，但这些小镇还存在特色不突出、模式不清晰、品质不过关等问题，需要进一步结合城市需求和乡村供给来进行统筹规划，将特色小镇建成川渝地区集农产品生产、加工、交易于一体并延展至文旅、康养等新业态的综合实体小镇。农业园区方面，不能完全依靠县区和乡镇作为主体，而是应该优先引入城市中具有先行建设经验的营销体系、供应链渠道、技术标准等相关内容，全面提升农业园区的产出效率和产品质量，有效发挥出成都、重庆国际大都市的对外开放优势，将农业园区与国际市场进行有效衔接，积极推动成渝农产品迈向世界舞台。

综合来看，《规划纲要》对成渝地区的城乡融合发展明确提出发展思路和具体要求，特别是针对成渝地区城乡发展不平衡不充分的主要矛盾，精准提出“以缩小城乡区域发展差距为目标，在推动要素市场化配置、破除体制机制弊端、加快建设国家城乡融合发展试验区等方面重点突破”的综合性方案。可以期待的是，随着综合性方案的相应落地，将最终推动成渝地区双城经济圈形成工农互促、城乡互补、协调发展、共同繁荣的新型工农城乡关系，从而为《规划纲要》提到的新发展格局构建、产业结构升级等任务提供强有力的支撑和保障。

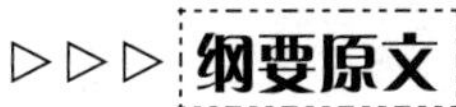

第十章　共同推动城乡融合发展

以缩小城乡区域发展差距为目标，推动要素市场化配置，破除体制机制弊端，加快建设国家城乡融合发展试验区，形成工农互促、城乡互补、协调发展、共同繁荣的新型工农城乡关系。

第一节　推动城乡要素高效配置

促进城乡人口有序流动。在重庆主城和成都加快取消对稳定就业居住3年以上农业转移人口等重点群体的落户限制，推动都市圈内实现户籍准入年限同城化累计互认、居住证互通互认，完善居民户籍迁移便利化政策措施。尽快实现公共资源按常住人口规模配置。完善集体经济组织人力资源培育和开发利用机制，探索农业职业经理人培育模式和多种人才引进方式。维护进城落户农民在农村的土地承包权、宅基地使用权、集体收益分配权，研究通过合资、合作、投资入股等方式保障新村民依法享有农村相关权益。健全统一的人力资源市场体系，加快建立衔接协调的劳动力流动政策体系和交流合作机制。

深化城乡土地制度改革。探索工业项目标准地出让，探索建立国有土地使用权到期续期制度。深化土地用途转用模式探索，推进城镇低效用地再开发，探索混合产业用地供给和点状供地模式，允许不同产业用地类型依法合理转换。完善建设用地使用权分层管理、统筹开发利用制度，促进地下空间开发。

增强城乡建设资金保障。鼓励发展基础设施领域不动产投资信托基金，在防范债务风险前提下，推动城市建设投资稳定增长。发挥中央预算内投资作用，支持引导工商资本在农村投资。依法积极拓宽农业农村抵质押物范围，鼓励创新开发适应农业农村发展、农民需求的金融产品。通过发行地方政府专项债券等支持乡村振兴、农村产业融合发展等领域建设项目。运用大数据、区块链等技术，提高涉农信贷风险管理水平，优化普惠金融发展环境。

第二节 推动城乡公共资源均衡配置

推动城乡一体规划。加快推进“多规合一”，统筹生产、生活、生态、安全需要，建立国土空间规划留白机制和动态调整机制，提高规划适应性。开展城市体检，查找城市规划建设管理存在的风险和问题，探索可持续的城市更新模式，有序推进老旧小区、老旧厂区、老旧街区及城中村改造。强化城市风貌管理，促进建筑物设计更加适用、经济、绿色、美观，推动天际线、街道立面、建筑色彩更加协调，严格控制超高层建筑建设。加强历史文化街区、古镇古村、全国重点文物保护单位等遗产遗迹的整体保护和合理利用，延续城市和乡村文脉，保护传统的山水城格局。严禁违背农民意愿和超越发展阶段撤村并居。

推动城乡基础设施一体化。完善级配合理的城乡路网和衔接便利的公交网络。推进城市电力、通信、供水、燃气、污水收集等市政管网升级改造和向乡村延伸，合理建设城市地下综合管廊。开展国家数字乡村试点。大力推进生活垃圾分类处理及再生利用设施建设，全面改善城乡居民卫生环境。加强城乡无障碍设施建设和设施适老化改造。推进城市公共基础设施管护资源、模式和手段逐步向乡村延伸，明确乡村基础设施产权归属，合理确定管护标准和模式，以政府购买服务等方式引入专业化机构管理运行。优化应急避难场所布局，完善抗震、防洪、排涝、消防等安全设施。

推动城乡基本公共服务均等化。建立城乡教育联合体和县域医共体。深化义务教育阶段教师“县管校聘”管理改革，鼓励招募优秀退休教师到乡村和基层学校支教讲学，动态调整乡村教师岗位生活补助标准，在职称评审和分配特级教师名额时适当向农村薄弱学校倾斜。加快基层医疗卫生机构标准化建设，提高医护人员专业技术水平，对在农村基层工作的卫生技术人员在职称晋升等方面给予政策倾斜，推动对符合条件的全科医生实行“乡管村用”。把防止返贫摆在重要位置。

健全城乡基层治理体系。健全党组织领导的自治、法治、德治相结合的城乡基层治理体系，加强农村新型经济组织和社会组织的党建工作。培育专业化社会组织和社会工作者队伍，调动企业履行社会责任积极性，畅通公众参与城乡治理渠道，推动政府、社会、企业、居民多方共治。推动基层治理重心下沉，完善社区网格化管理体系和便民服务体系，显著提升社区在流动人口服务管理、公共服务提供、社情民意收集等方面的作用。积极运用现代化手段，推动实现智慧化治理。妥善解决村改社区遗留问题。加强交界地带管理联动，建立重大工程项目选址协商制度，充分征求毗邻地区意见。

第三节　推动城乡产业协同发展

依托相应公共资源交易平台，推动农村集体经营性建设用地、承包地经营权、宅基地使用权、集体林权等依法流转和高效配置，盘活农村闲置资源资产。培育高品质特色小镇，着力发展优势主导特色产业。优化提升美丽乡村和各类农业园区，创建一批城乡融合发展典型项目，打造城乡产业协同发展先行区。

第十一节 | 解读“第十一章强化公共服务共建共享”

强化公共服务共建共享是《规划纲要》明确的九项重点任务之中的第九项，其核心目标是保障成渝地区人民群众安居乐业，享受发展成果，顺利推进和谐社会建设的发展任务。公共服务是由政府主导向人民群众提供的服务，公共服务能满足人民群众生活、生存与发展的相关直接需求，使人民群众受益。目前我国东西部发展不平衡不充分的问题依然存在，仅在西部地区内部，就存在着个别地区发展速度相对缓慢的问题，而居民收入差距又有着进一步扩大的发展趋势。因此强化公共服务共建共享将有利于缓解我国当前经济社会中面临的各种突出矛盾，是建设成渝地区双城经济圈的重要推动力。

《规划纲要》包含的强化公共服务具体措施有以下四点：第一点是均等、普惠、便利地推进标准化基本公共服务，成渝双城合作共同保障人民最基本的权利；第二点是强调共享教育和文体资源，共建国际级教育文体示范都市圈；第三点是推动公共卫生和医疗养老服务发展，统筹成渝双城医疗资源、共建养老体系，保障人民群众生命健康安全；第四点是健全西南地区应急联动机制，进一步强化成渝双城内部的紧急问题处理能力。

第一节强调基本公共服务的重要性。根据《国家基本公共服务标准（2021 版）》，基本公共服务包括幼有所育、学有所教、劳有所得、病有所医、老有所养、住有所居、弱有所扶、优军服务保障、文体服务保障九项。具体而言，打造公共就业综合服务平台、打造人力资源品牌、推动农民工劳务企业规范化、支持灵活就业、保障灵活就业人员的权益，集中体现“劳有所得”；加快社会保险关系无障碍转移接续，推动养老金领取资格核查互认，突出展现“老有所养”；加快推进全国统一医保信息平台跨省异地就医管理子系统建设，实现跨省市异地就医门急诊医疗直接结算，促进工伤认定和保险待遇政策统一，明确体现“病有所医”；建设统一的社会保险公共服务平台，推广以社会保障卡为载体的“一卡通”服务管理模式，明确体现“弱有所扶”；将常住人口纳入城镇公共租赁住房保障范围，逐步实现住房公积金转移接续和异地贷款信息共享、政策协同，突出展现“住有所居”。如此看来，第一节内容全面架构起基本公共服务工作的安排框架，同时还对成渝地区双城经济圈的基本公共服务建设起精确设置均等化、普惠化、便利化的相应标准，切实体现党中央将不断增强人民群众的获得感、幸福感、安全感作为强化公共服务的根本目标。

第二节主要关注成渝双城在教育、文体方面的合作，从学校教育、社会文化教育和身体素质教育三方面指导双城发展。在第一节强调“学有所教”的基础上，第二节则对双城在教育方面的合作必要性进行重申。首先，本节从共享教育资源入手，全方位考量。一是，关注弱势群体和进城务工人员子女的上学问题，提出相应举措加以帮扶，如“扩大普惠性幼儿园供给”“鼓励有条件的中小学集团化办学、开展对口帮扶”将为成渝两地学生的基本教育服务建设提供引导方向。二是，成渝双城联手举办“巴蜀工匠”职业技能大赛，为技术人才提供展示舞台，彰显政府对职业教育重要性的关注。三是，通过“组建双城高校联盟”“支持引进高水平中外合办大学”等多项举措为成渝地区高等教育发展指明方向。其次，学校教育在文体教育方面起着关键作用，而社会文化教育也是其中不可或缺的一部分。文化自信是一个民族、一个国家以及一个政党对自身文化价值的充分肯定和积极践行，并对其文化的生命力持有的坚定信心。社会文化教育将会对巴蜀人民的文化自信塑造作出突出贡献。“书香成渝”旨在鼓励成渝全民阅读，希望博物馆、美术馆、文化馆广泛开展合作，共同实现成渝双城文化资源共享，便捷畅通巴蜀文化交流走廊。成渝两地携手打造文化品牌、支持川剧、蜀锦、羌绣、夏布等非物质文化遗产的保护传承发展，这将进一步加深川渝人民的共同文化认同和形成川渝文化的强烈归属感。最后，本节还提到建设体育事业的重要性。体育是活力之源，亦是连接两地情感、促进民众交流的渠道，建设过程中也要关注体育事业对成渝双城经济圈的贡献作用。

第三节阐明成渝双城在公共卫生和养老保障两大平台开展合作的必要性。2022 年 4 月，国务院印发《关于实施健康中国行动的意见》，指出要协调各地部门推进健康中国建设，深入开展爱国卫生运动，持续完善国民健康政策。而在《“健康中国 2030”规划纲要》中就提出“共建共享，全民健康”的战略主题，明确谈到要实施普惠医疗，并举出优化医疗服务体系的具体相关措施。居民健康一直是国家关注的重点，《规划纲要》也出于全方位防控健康卫生问题，全方面提高居民健康水平的综合考虑，相应作出关于卫生健康思想与健康中国行动的实施决定。在多重战略叠加实施背景下，成渝地区双城经济圈正式迎来发展卫生健康事业的关键机遇期。《规划纲要》致力破除成渝两地在制度和行政上的医药卫生建设壁垒，并明确提及要依托四川大学华西医院、重庆医科大学附属医院等优质医疗资源作支撑，加快建设国家医学中心，为成渝两地医疗发展指明后续前行路径。此外，成渝两地老龄化水平均在全国前列，如何合理分配两地养老资源，共同推动区域养老产业建设发展，就需要围绕成渝双城开展普惠养老城企联动专项行动。其中具体就包括发展居家养老、社区养老、机构养老等多种项目建设，专项行动将构建起综合连续、覆盖城乡的老年健康服务体系，为应对人口老龄化问题提供解决方案。医养结合，统筹医疗和养老行业发展，将会在西部地区产生公共示范案例，进而辐射带动整个西部地区的医疗和养老格局优化。

第四节通过说明应急联动机制的必要性，旨在建立一套能够带动成渝两地共同响应的应急处理机制。健全应急联动机制，首先是要加强并完善应急管理体制；其次是畅通社会力量参与路径，用可操作的统一标准解决社会力量与政府应急措施的不一致性问题，同时还要开展应急教育宣传工作，用源头治理、预防治理的思路，把问题消灭在萌芽状态；最后应强化重大风险防控能力建设，推进防灾、减灾、救灾一体化，有效防范化解重大安全事件。

综合来看，强化公共服务共建共享是实现成渝地区双城经济圈建设目标的必要条件，成渝两地在协同推进公共服务方面，已经获得不少有益探索的经验，拥有共同合作的良好基础。两地公共服务共建共享应遵循“共享包容，改善民生”这一原则，以更加积极的民生举措去有效增加优质公共产品和服务供给，持续改善民生福祉，构建多元包容的社会治理格局，让人民群众的获得感、幸福感、安全感更可持续、更有保障。

▷▷▷ **纲要原文**

第十一章 强化公共服务共建共享

以更好满足人民群众美好生活需要为目标，扩大民生保障覆盖面，提升公共服务质量和水平，不断增强人民群众获得感、幸福感、安全感。

第一节 推进基本公共服务标准化便利化

建立基本公共服务标准体系。实施基本公共服务标准化管理，以标准化促进均等化、普惠化、便利化。联合制定基本公共服务标准，建立标准动态调整机制，合理增加保障项目，稳妥提高保障标准。创新政府公共服务投入机制，鼓励社会力量参与公共服务供给。加大双城经济圈对周边地区支持力度，保障基本公共服务全覆盖。

提升基本公共服务便利化水平。共建公共就业综合服务平台，打造“智汇巴蜀”“才兴川渝”人力资源品牌。重庆市和四川省互设劳务办事机构，推动农民工劳务企业规范化发展。支持探索发展灵活共享就业方式，强化对灵活就业人员的就业服务和权益保障。加快实现双城经济圈社会保险关系无障碍转移接续，推动养老金领取资格核查互认，加快推进全国统一医保信息平台跨省异地就医管理子系统建设，推进跨省市异地就医门急诊医疗直接结算，推进工伤认定和保险待遇政策统一。建设统一的社会保险公共服务平台，推广以社会保障卡为载体的“一卡通”服务管理模式。将常住人口纳入城镇公共租赁住房保障范围，逐步实现住房公积金转移接续和异地贷款信息共享、政策协同。

第二节　共享教育文化体育资源

推动教育合作发展。扩大普惠性幼儿园供给，加大对社会力量开展托育服务的支持力度。鼓励有条件的中小学集团化办学、开展对口帮扶，完善进城务工人员随迁子女就学和在流入地升学考试的政策措施。统筹职业教育布局和专业设置，扩大招生规模，打造一批职业教育基地。建设一批实训基地和国家级创业孵化基地，联手打造“巴蜀工匠”职业技能大赛品牌，打造有区域特色的产教融合行业、企业和院校。组建双城经济圈高校联盟，联手开展世界一流大学和一流学科建设，支持高校向区域性中心城市布局。建设城乡义务教育一体化发展试验区。支持引进境外高水平大学开展中外合作办学，允许外国教育机构、其他组织和个人在自由贸易试验区内单独设立非学制类职业培训机构、学制类职业教育机构，支持建设国际合作教育园区。

构建现代公共文化服务体系。构建“书香成渝”全民阅读服务体系，鼓励博物馆、美术馆、文化馆等建立合作联盟，实现公共文化资源共享。建设三星堆国家文物保护利用示范区。推动出版、影视、舞台艺术发展，共同打造“成渝地·巴蜀情”等文化品牌。放宽文化演艺准入，研究建设文化艺术品和文物拍卖中心。建立非物质文化遗产保护协调机制，支持川剧、蜀锦、羌绣、夏布等非物质文化遗产的保护传承发展，研究建设巴蜀非遗文化产业园。

共同推进体育事业发展。促进全民健身，推动公共体育场馆、全民健身活动中心、体育公园、社区体育场地等资源设施建设和开放共享，支持公办中小学校和高校的体育场馆、附属设施向社会分时段开放。建立成渝体育产业联盟，支持建设国家级足球竞训基地等专业场地，推动体育项目合作和竞技人才交流培养，协同申办国际国内高水准大型体育赛事。

第三节 推动公共卫生和医疗养老合作

构建强大公共卫生服务体系。增强公共卫生早期监测预警能力。健全重大突发公共卫生事件医疗救治体系，建设省级和市地级重大疫情救治基地、公共卫生综合临床中心。分级推动城市传染病救治体系建设，实现地级市传染病医院全覆盖，加强县级医院感染疾病科和相对独立的传染病区建设。提高公共卫生应急能力，完善联防联控常态机制。加强公共卫生应急物资储备，提升应急物资生产动员能力。

优化医疗资源配置。依托四川大学华西医院、重庆医科大学附属医院等优质医疗资源，加快建设国家医学中心。支持共建区域医疗中心和国家临床重点专科群。推进国家老年疾病临床医学研究中心创新基地建设，支持重庆整合有关资源建设国家儿童区域医疗中心，推进四川省儿童医学中心建设。深化中医药创新协作。推动优质医疗资源下沉，支持医联体建设和跨区办医，推动中心城市三甲医院异地设置医疗机构。加强基层医疗卫生服务体系和全科医生队伍建设，构建更加成熟定型的分级诊疗制度。发展在线医疗，建立区域专科联盟和远程医疗协作体系，实现会诊、联网挂号等远程医疗服务。完善二级以上医疗机构医学检验结果互认和双向转诊合作机制。

推进养老服务体系共建共享。开展普惠养老城企联动专项行动，发展居家养老、社区养老、机构养老，构建综合连续、覆盖城乡的老年健康服务体系。支持以市场化方式稳妥设立养老产业发展引导基金，制定产业资本和品牌机构进入养老市场指引，支持民营养老机构品牌化、连锁化发展。推动老年人照护需求评估、老年人入住评估等互通互认。鼓励养老设施跨区域共建。统筹医疗卫生和养老服务资源，促进医养融合。推动人口信息互通共享，率先建立人口发展监测分析系统，开展积极应对人口老龄化综合创新试点。

第四节　健全应急联动机制

健全公共安全风险防控标准和规划体系。强化防灾备灾体系和能力建设，完善重大灾害事件预防处理和紧急救援联动机制，加快建设国家西南区域应急救援中心以及物资储备中心，打造2小时应急救援圈，推进防灾减灾救灾一体化。建立健全安全生产责任体系和联动长效机制，有效防范和坚决遏制重特大安全生产事故发生。推广实施公共设施平急两用改造，提升平急转换能力。在跨界毗邻地区，按可达性统筹120、110等服务范围。

第十二节｜解读“第十二章推进规划实施”

在提出推动成渝地区双城经济圈建设后，在很短一段时间内，国内国际环境就发生了剧烈变化，如过去以出口贸易为主的经济格局正在加速转变，全球贸易格局也在加快重组。而此时中央提出构建双循环新发展格局，对成渝地区双城经济圈建设进行重大决策部署，可谓恰逢其时。放眼世界，我们正面临“百年未有之大变局”。面对变局，我们要加强对社会建设的实践、丰富对客观真理的认识、迎接全面到来的挑战，抓住发展机遇，加快发展步伐。我们要正确认识到成渝双城经济圈建设是习近平总书记亲自部署、亲自推动的重大国家战略，明确国家领导人对成渝地区发展寄予着殷切希冀，明白成渝地区肩负着的使命重托，同时也要看到成渝地区作为中国西部人口最密集、产业基础最雄厚、创新能力最强的核心区域，我们有且应当有能力去推进《规划纲要》的实施，担负着时代赋予成渝地区的发展使命。为确保规划主要目标和重点任务顺利实施，《规划纲要》第十二章就在谋篇布局之中预见并安排好发展中各项问题的解决方针，从而提出具体的实施方案。

《规划纲要》的具体实施方案有以下四点：第一，要加强党的集中统一领导，强调把党的领导始终贯穿在成渝地区双城经济圈建设重大事项决策、重大规划制定调整等各方面全过程。第二，要强化组织实施，明确分工安排和工作机制。第三，要完善配套政策体系，促进成渝两地在交通、金融、科技、生态环境保护、文旅等领域的交流融合。第四，要健全合作机制，鼓励成渝两地在重大问题上共商共建，建立合作机制，营造良好合作氛围。

第一节将加强党的领导放在首要地位，集中体现中国共产党百年奋斗的智慧经验。在人类发展、社会进步的过程中，任何一项伟大的认识世界和改造世界的实践活动都需要一个领导核心。中国共产党对无产阶级事业和社会主义事业建设有着引领和导向作用。党的十九大报告指出，中国共产党的领导是中国特色社会主义最本质的特征，这一论断强调的是中国特色社会主义的最根本属性。以成渝地区为中心的西部地区发展大致可以分为以下三个阶段：第一个阶段是自新中国成立初期一直到 1997 年重庆成为直辖市为止。四川与重庆共同经历“一五计划”“二五计划”“三线建设”，一同打下了现代化、工业化的基础。第二个阶段是 1997 年重庆正式直辖后直到《成渝地区双城经济圈建设规划纲要》制定以前。我国东西部发展不平衡问题逐渐显现，“西部大开发”“一带一路”“西部陆海新通道”等多项国家政策开始向西部倾斜。第三个阶段是从 2020 年建设成渝地区双城经济圈到现今。在这个阶段，成渝地区再次成为“命运共同体”，将合力打造中国经济第四极。党的领导不是简单靠行政权力来实现的，而是靠代表人民群众的利益，制定和执行正确的路线、方针、政策，保持党同人民群众的密切联系，得到人民群众的信任和拥护来实现的。而建设成渝地区双城经济圈显然符合区域经济发展的规律，因此《规划纲要》的制定和实施是顺势而行、科学客观的。在《规划纲要》的实施过程中，我们必须加强党对各方面的全面领导，充分发挥党在总揽全局和协调各方的核心作用，确保中国共产党在成渝地区双城经济圈建设过程中保持不可撼动的领导地位。

第二节对建设成渝地区双城经济圈的具体工作职责作出规划安排，重点强调各级党政机关的分管职责。其中明确重庆市、四川省是成渝地区双城经济圈建设的责任主体，中央有关部门对成渝地区双城经济圈建设有指导和支持义务，国家发展改革委将通过城乡融合发展工作部际联席会议对《规划纲要》实行统筹指导，党中央、国务院对重大规划、政策、项目进行直接指导，分工明确，职责清楚，体现出《规划纲要》的严谨性和科学性。成渝两地是双城经济圈的建设主体，对双城经济圈中具体项目的实施建设有最直接的领导职责，为加强两地领导能力，协调好两地的任务安排，很有必要在成渝地区双城经济圈建设过程中建立健全重庆、四川党政干部的讨论机制，并由此形成重庆四川党政联席会议和领导层面协调会议的定期开展机制，同时还要组建人员互派、党政机关人才参与交流，一体化管理的联合办公室，共同商讨研究重大任务、重大改革的落实部署，加快推动双城政策的互融互通和公开透明。

第三节对建设成渝地区双城经济圈的配套政策进行安排，关注建设成渝地区双城经济圈任务与其他政策措施的配套相互关系。本节要求成渝双城要在交通、金融、科技、生态环境保护、文旅、产业、人才、财政等多方面的政策编制和项目落实中合作推进，协商落地。本节与第二节互为补充，再次强调要建立一个共商共建、优势互补、多层次对接合作、凝聚广泛共识的双城经济圈。两省市有必要建立一体化的政策协商、市场联动、人才交流、科技部署、项目规划的运行机制。其中，本节还特别强调要不改变、不减弱对三峡库区等周边地区的支持政策。三峡库区是长江上游经济带的重要组成部分，是长江中下游地区的生态环境屏障和西部生态环境建设的重点。重视对三峡库区周边地区的支持政策，体现着成渝地区双城经济圈与长江经济带的联动发展关系，表明成渝地区双城经济圈建设的根本目的是改变西部地区经济不平衡不充分发展的现状，更展现出成渝地区双城经济圈规划实施必须与国家其他政策和地方发展方针相互融合。因此在成渝地区双城经济圈建设过程中，不但要加强两省市之间的政策互动，更要加强成渝地区双城经济圈同“一带一路”“西部大开发”“三峡库区经济发展”“长江经济带”等多重国家政策之间的互动协调。

第四节是重申要健全合作机制。本章第二节是从各级党政机关角度强调政策沟通、城市合作的必要性；第三节是从现有政策角度说明多重国家政策互动，相互协调的必要性。本节则是从人才交流、项目落实、社会认同角度讨论合作的必要性。这几节角度不同，但方向一致，皆在阐述合作的必要性。若能认识到这一点，以自身实践共同参与到成渝地区双城经济圈合作建设中来，就已经算是明白《规划纲要》的意图所在。毕竟成渝地区双城经济圈的前行道路要靠亲身实践才能走出来，论述道理再多，终究不如实际作为更有说服力。

综合来看，成渝地区要建成高水平世界级城市群，就必须要从全方面多角度进行合作。通过树立区域发展“命运共同体”的决心，贯彻强化“川渝一盘棋”的思维，综合协调两省市的决策治理，加强现有交流，并向新领域拓展沟通，广泛听取社会各界的意见建议，发挥“1+1>2”的发展效果。

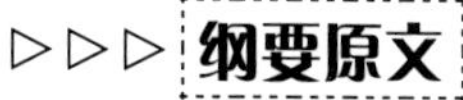

第十二章　推进规划实施

加强党对成渝地区双城经济圈建设的领导，明确各级党委和政府职责，细化各项政策措施，建立健全协同实施机制，确保《规划纲要》主要目标和任务顺利实现。

第一节　加强党的集中统一领导

坚定不移加强党的全面领导，增强“四个意识”、坚定“四个自信”、做到“两个维护”。充分发挥党总揽全局、协调各方的领导核心作用，把党的领导始终贯穿成渝地区双城经济圈建设重大事项决策、重大规划制定调整等各方面全过程。充分发挥党的各级组织在推进成渝地区双城经济圈建设中的领导作用和战斗堡垒作用，激励干部锐意进取、担当作为，组织动员全社会力量落实《规划纲要》，形成强大合力。

第二节　强化组织实施

重庆市、四川省作为成渝地区双城经济圈建设的责任主体，要明确工作分工，完善工作机制，共同研究制定年度工作计划，落实工作责任，把《规划纲要》确定的各项任务落到实处。中央有关部门要按照职责分工，加强对《规划纲要》实施的指导，在规划编制、体制创新、政策制定、项目安排等方面给予积极支持。国家发展改革委要依托城镇化工作暨城乡融合发展工作部际联席会议制度，加强对《规划纲要》实施的统筹指导，协调解决《规划纲要》实施中面临的突出问题，督促落实重大事项，适时组织开展评估，及时总结经验做法。重大规划、重大政策、重大项目按程序报批，重大问题及时向党中央、国务院请示报告。

第三节　完善配套政策体系

中央有关部门要加强与重庆市、四川省沟通衔接，负责编制印发实施成渝地区双城经济圈国土空间规划以及多层次轨道交通体系、综合交通发展、西部金融中心建设、科技创新中心建设、生态环境保护、巴蜀文化旅游走廊等规划或实施方案，指导编制践行新发展理念的公园城市示范区、川渝统筹发展示范区、川南渝西融合发展试验区等建设方案，研究出台产业、人才、土地、投资、财政、金融等领域配套政策和综合改革措施。重庆市、四川省编制出台重庆都市圈、成都都市圈发展规划，共同推动形成规划和政策体系，不改变不减弱对三峡库区等周边地区的支持政策。

第四节　健全合作机制

健全推动成渝地区双城经济圈建设重庆四川党政联席会议机制，

研究落实重点任务、重大改革、重大项目等，压茬推进各项任务。建立交通、产业、创新、市场、资源环境、公共服务等专项合作机制，分领域策划和推进具体合作事项及项目。培育合作文化，鼓励两省市地方建立合作协同机制。推动与东部地区开展干部人才双向交流、挂职任职。广泛听取社会各界意见和建议，营造全社会共同推动成渝地区双城经济圈建设的良好氛围。

第三章 成渝地区双城经济圈大未来

参照国家建设《规划纲要》与成渝联合实施方案，川渝人民携手共进，攻坚克难，沿着习近平总书记指引的方向奋勇向前，将《规划纲要》谱写在成渝地区双城经济圈 18.5 万平方公里的土地上。

本章从近年来成渝地区双城经济圈建设的发展历程出发，描述谱写在川渝大地上的《规划纲要》。目前，《规划纲要》与实施方案相继公布，前方绿灯通畅，一直向前走，成渝地区双城经济圈就在路上。

第一节｜培育发展重要经济中心

2021 年 6 月 25 日，当解放碑的时针划过 6 时 52 分，G8602 次复兴号智能动车组准点从重庆西站驶出，于 8 时 08 分到达成都东站，这标志着 CR400AF-Z 型复兴号智能动车组首次在成渝城际间载客运行。复兴号智能动车一上线就吸引着成渝人民的目光，有成渝多家媒体的紧密跟踪报道的原因，更深层次的原因是铺设好道路，复兴就跟着来了。而成渝地区正参照《规划纲要》加快基础设施建设，扫除产业发展障碍，铺设经济发展的“高速路”，相信重要经济中心的目标会沿道路相向而来。

（一）基建组网，产业筑基

航空连线，陆路组网，长江航运引得一江活水来，水陆空协同发展正构建起成渝地区的一体化综合交通运输体系。而能源保障与水利设施的夯实补齐，也在为成渝建设保驾护航。从基础设施建设到筑牢产业发展基石，铺设成渝地区的发展道路将由筑基开始。

2021 年 6 月 27 日，成都天府国际机场正式通航，成为全国仅次于北京大兴机场的第二大机场。而成都也成为继北京和上海之后，中国大陆第三个拥有“双机场”的城市。自此，成都正式飞入“双枢纽”时代，成都双流国际机场与成都天府国际机场作为航空枢纽的职能也得以展现。

成都发布信息显示，仅在 2023 年春运（1 月 7 日~2 月 15 日），成都航空枢纽（成都双流国际机场+成都天府国际机场）生产运输就实现新突破，共完成起降航班 5.2 万架次、旅客吞吐量 705.7 万人次，较 2022 年同期分别增长 19.4%、38.2%，赶超 2019 年同期水平，在全国城市排名中居上海、北京之后位列第三；保障国际（地区）客运航班 858 架次，旅客吞吐量 11.7 万人次，较 2022 年同期分别增长 206.4%、326.2%。

作为国际航空枢纽，成都在航空建设上积极行动、大步向前，而重庆在航空领域的投入也不断在加码，向国内第四大航空枢纽目标加速赛跑。

2023 年 3 月 23 日，民航局正式批复重庆新机场场址，同意将璧山正兴场址作为重庆市新机场的推荐场址，建议下阶段结合《规划纲要》实施，根据机场功能定位，稳步推进项目前期工作。重庆新机场将按照满足7 000万~8 000万人次规模进行选址，定位为重庆国际航空枢纽的重要组成部分、区域枢纽机场并承担货运枢纽功能。重庆的“第二机场梦”由来已久，早在2018年4月，重庆市发改委发布《关于重庆第二机场规划研究咨询单位比选的公告》，拟开展第二机场规划研究，重庆就开始谋划建设新机场，一直到2023年3月底，机场选址正式获批，重庆的“第二机场梦”终于近在眼前。

在追梦第二机场的同时，重庆也在不断推动江北国际机场的发展建设。2020年，江北国际机场开工建设T3B航站楼及第四跑道工程，截至2023年3月，航站楼的钢结构主体工程、跑道土石方工程已经基本完成。

此外，重庆有序推进的还有支线航空建设。2023年3月重庆发布消息，巫山机场、武隆仙女山机场已经相继建成投用，目前重庆“一大四小”的运输机场布局已全面形成，运输机场100公里半径覆盖全市总面积的92%。

在成渝大地，流动的不仅有天上飞驰的航空路网，还有地上奔腾的铁路轨道。轨道运营里程不断增长，城际道路建设有序推进，共建轨道上的双城经济圈，将为这股铁路洪流注入不竭动力。

截至2023年2月底，成都轨道交通已开通运营13条线路、373个车站，城市轨道运营里程已达558公里（含有轨电车），在建215公里。而截至2023年3月底，重庆轨道交通运营里程也达到500公里，成为继上海、北京、广州、成都之后的新晋“地铁500公里俱乐部”成员，城市轨道交通运营线路达到12条。重庆已经建成全世界规模最大的山地城市轨道交通运营网络。

成渝在联通内部轨道交通的同时，其铁路线路也在向周边城市延伸，共同融入成渝地区“四网融合”的交通网络。以2023年交通建设规划为例，成都将加速建设资阳线、成德线、成眉线等11条轨道交通线路，实现成德眉资四地市民来往的畅通无阻。而重庆将开工重庆中心城区至永川、南川、大足、綦江（万盛）4条市域铁路，加强重庆主城新区与中心城区的交通联系，形成区域内的“1小时通勤圈”。

如果将铁路网络视作中心城市与周边地区联通的经济大动脉，那么穿行并连通其间的毛细血管，就是成渝共同建设的公路体系。

于1995年建成通车的成渝高速公路，全长337.5公里，一直是双向四车道，将会在2023年由川渝同步开工建设，扩宽为八车道。其中，重庆段为100公里，四川段占237.5公里，整个工期预计3年。成渝高速公路合作扩宽的背后，是同步扩宽的成渝合作道路。根据四川省人民政府新闻办公室2023年5月5日在成都召开的新闻发布会相关报告，2023年川渝间建成和在建的高速公路通道将达到22条。四川将会同重庆，开工重庆经赤水至叙永、大竹至垫江等高速公路，共同促进川南、渝西，川东北、渝东北融合发展。

大海的尽头是陆地，但成渝深处内陆，所以陆地的尽头便是长江。水陆并进，长江通航，建设长江上游航运枢纽，成渝在探索。

2022年7月28日，重庆市人民政府办公厅、四川省人民政府办公厅印发《共建长江上游航运中心实施方案》，紧扣成渝地区双城经济圈作为全国交通四极之一的定位，围绕“开放引领、区域协同、内提质效、外保安畅”目标要求，深入推进实施“6 大任务、16 项工程、48 个项目”，总投资 991 亿元，其中在“十四五”时期投资达 425 亿元。这份方案是中央推动成渝地区双城经济圈建设以来，首个由川渝两地联合印发的指导加快水运行业高质量发展的实施方案，体现出川渝合作部署，携手共建长江上游航运中心的坚定决心。

根据四川省交通运输厅在 2022 年年底公布情况，成渝协同建设长江上游航运中心正涌现不少喜人成绩。经川渝开展的嘉陵江梯级通航建筑物跨省联合调度后，广元至重庆航行用时减少 47%、成本降低 44%；宜宾港—泸州港—重庆港“水水中转”班轮达到每周 6 班，长江上游首个万吨级码头重庆新生港开港运营，广安、广元、南充至重庆集装箱班轮航线开通运行，四川主要港口至重庆实现航线全覆盖，长江干线及上游支线“干支结合”的航运体系正逐步形成。

奔跑在成渝建设道路网上，产业发展速度不仅要上得来，还要稳得住，因此能源保障与水利基础设施必须要跟上来。

2022 年 8 月 14 日，四川省发布限电令新规：为确保电网安全和民生用电，决定从 8 月 15 日起对四川电网所有工业电力用户实施生产全停，时间为 8 月 15 日至 20 日，合计 6 天。

但 2021 年年末数据显示，四川水力发电装机容量达 8 947. 0 万千瓦，水力发电量达 3 531. 4 亿千瓦时，双双稳居全国第一。鉴于此，四川成为“西电东送”的重要送出端，年外送量连续五年超过 1 300 亿千瓦时。

因此，四川限电实属罕见，尽管主要原因是四川遭遇60年一遇的极端高温天气，异常干旱，才会缺水缺电，但却切实反映出四川在能源保障方面仍有不足。

四川直面问题，很快做出回应。2022年9月29日，我国西南地区首个特高压交流工程——国家电网有限公司川渝1 000千伏特高压交流工程正式开工。其中，工程新建双回特高压线路658公里，总投资288亿元，计划于2025年夏季高峰前投运。这一工程将作为连接四川、重庆电源和负荷中心，构建起西南特高压交流骨干网架的起步工程，也标志着川渝电力一体化迈出重要一步。

除标志性工程建设外，成渝在能源保障领域还有更多合作。川渝两地将共同加强电力“水火互济”，天然气“平峰互保”，成品油“毗邻互供”。根据《重庆日报》2022年6月数据，四川水电每年输送重庆电量约200亿千瓦时，枯水期重庆火电输送四川电量约5亿~8亿千瓦时。而在2021年，四川净输入重庆天然气量约30亿立方米，迎峰度冬期间重庆相国寺储气库上载川渝环网调峰气量约4亿立方米。川渝毗邻地区成品油跨省互供每年约30万吨。

作为发展水电与航运的基础，水利基础设施建设离不开国家层面的支持。2022年11月1日，水利部、国家发展改革委正式印发《成渝地区双城经济圈水安全保障规划》，针对不同区域水安全保障存在的短板和薄弱环节，提出构建“双圈、两翼、四屏、多廊”的成渝地区水安全保障总体空间布局，系统性明确要加快区域水网建设、完善流域防洪减灾体系、优化水资源配置、加强水生态保护与修复、推进智慧水利建设、构建现代化水治理体系等重点任务，这一规划将是当前和今后一段时间开展成渝地区双城经济圈水安全保障工作的重要依据。

在此规划指导下，成渝两地加紧行动。据 2023 年 2 月 28 日召开的重庆全市水利工作会议，重庆将完成水利投资 390 亿元，同比增长 50%，并启动 10 个区县农村水网建设试点；争取渝西水资源配置工程圣中水库、千秋堰水库等重要节点完成枢纽工程建设，实现东干线、嘉陵江干线全线贯通；确保藻渡、向阳水库完成初设批复并完成坝肩开挖及导流洞贯通；推动跳蹬水库下河建设；金佛山水库实现完工投用；2023 年力争新开工福寿岩水库和 14 座中小型水库，开工建设重点项目 58 个。

据 2023 年 2 月 7 日召开的四川全省水利工作会，四川将力争水利投资 500 亿元以上，重点推进"一主一片"骨干水网建设，抓好引大济岷、安宁河流域水资源配置打捆工程，启动长征渠工程，以引大济岷和长征渠构建起成渝地区双城经济圈高质量发展天府水网"大动脉""新干线"。同时，加紧推进罐子坝水库及供水、引雅济安、永宁水库等重大工程规划和前期，开工引大济岷、向家坝灌区一期二步工程、三坝水库、米市水库、黄河干流四川段防洪治理、毗河二期 6 个纳入 2023 年全国重点推进的重大水利工程，加快推进亭子口灌区一期、江家口水库等 49 个在建大中型水利工程。

以一体化综合交通运输体系为基础，能源供应与水利设施建设作保障，成渝合力筑牢产业发展基石。现今路网已逐步成型，正待加快产业建设，为运输网络装上货物。

（二）实体兴业，服务赋能

2023年5月5日，习近平总书记在二十届中央财经委员会第一次会议上提出，现代化产业体系是现代化国家的物质技术基础，必须把发展经济的着力点放在实体经济上，为实现第二个百年奋斗目标提供坚强物质支撑。协同建设现代产业体系，将推进实体产业扎根落地，而西部金融中心建立与现代服务业发展会为其赋能，多方合力，共助产业兴盛。

制造业是实体经济的关键部门，制造业强则国家强，而在先进制造业中，数字产业建设是成渝合力打造的重点。

2023年2月27日，中共中央、国务院印发《数字中国建设整体布局规划》，提出要培育壮大数字经济核心产业，打造具有国际竞争力的数字产业集群。

在国家总体规划下，数字经济在成渝大地上川流不息，汇总出产业建设成绩单上的亮眼数字。在2022年中国数字经济城市发展百强排行榜中，成都和重庆就分别位列第6位和第9位。

排名很靠前，数据也很亮眼。根据四川省统计局核定，2022年成都数字经济核心产业增加值为2 779.51亿元，现价增长6.1%；占全市地区生产总值比重为13.4%，较去年同期提升0.3个百分点；占全省数字经济核心产业增加值比重达64.3%。而截至2022年年底，重庆则累计集聚规上数字经济核心产业企业1 900家，数字经济核心产业增加值达到2 200亿元，占全市地区生产总值比重增至8%，全市“上云用数赋智”企业累计超过 11.5 万家，限额以上单位通过线上实现商品零售额同比增长达 31.1%。

由于数字产业的亮眼表现，成渝也在关注信息基础建设。2023 年 4 月 30 日，四川省经信厅和重庆市经信委联合印发《2023 年成渝地区工业互联网一体化发展示范区建设工作要点》（以下简称《工作要点》），从强化数字基础设施建设、打造多层次平台赋能体系、深化产业赋能支撑、筑牢工业领域网络和数据安全保障、加快构建协同发展生态五个方面提出 24 条目标任务。其中，在强化数字基础设施建设方面，《工作要点》明确提出共同推进内外网升级改造。持续推进 5G 和千兆光网规模部署，加快建设工业互联网园区网络，打造成渝地区“千兆城市群”。支持成渝地区工业企业综合运用 5G、时间敏感网络（TSN）、边缘计算等技术，开展工业哑设备网络互联能力改造，提升生产各环节网络化水平。支持成渝地区工业企业与基础电信企业深度合作，深化“5G+工业互联网”融合应用，推动 5G 应用向生产制造核心环节拓展，打造一批重点行业、重点领域典型工业应用场景，形成 15 个“5G+工业互联网”示范项目。

在数字技术的赋能支持下，成渝地区正着重培养一批先进制造业，加快发展，集群壮大。

2023 年 1 月 13 日，由四川省经济和信息化厅、重庆市经济和信息化委员会指导，成都市经济和信息化局新经济发展委员会、西部（重庆）科学城管理委员会共同主办的“数字赋能成渝地区双城经济圈先进产业集群建设”城市机会清单发布对接会暨产业场景共建大会在重庆成功举行。

会上发布的《数字赋能先进制造城市机会清单》，以“数字赋能先进制造”为主题，广泛征集电子信息、汽车、装备制造三大产业相关典型应用场景、新兴技术、智慧产品和解决方案，共发布293条供需信息，涵盖149个新场景和144个新产品，释放总投资机遇超540亿元，融资需求超18.7亿元。

据相关报道，每一条机会清单发布的供需信息都与“建圈强链”息息相关，随着投资机遇的释放，将进一步提升先进制造业发展能级，为成渝地区双城经济圈协同打造世界级先进制造业集群提供强劲动能。

而在建设先进制造业备受关注的同时，提升传统优势产业也在同步进行。

以汽车产业为例，川渝联合成立汽车、电子产业工作专班，共建产业链供需信息对接平台、联合对外招商、共建产业合作园区，携手推动汽车产业向新能源、智能网联，电子产业向芯、屏、器、核、网全产业体系转型升级。到2022年年底，川渝共报送汽车供应链“白名单”企业约500家，全年川渝两地共生产汽车318万辆，同比逆势增长17%，这展现出传统优势产业的发展活力。

随着数字技术的兴起，农业正展现出新样貌。为现代农业插上数字经济的翅膀，在发展风口上，生猪养殖业也正在起飞。

2023年5月13日至17日，第十届中国畜牧科技论坛在重庆荣昌区举行，“农数谷”一词引起会上人们关注。

“农数谷”的全称是“农业数字经济谷”，未来将会被打造成为“西部农业数字经济集聚区”，而选定重庆荣昌区建设布局，则是源于当地农牧产业的发展基础。

一直以来，重庆荣昌区坚持做好“一头猪”文章，充分发挥农牧特色优势，加速推进传统农牧工业转型升级，建成区块链猪肉溯源大数据平台，实现荣昌猪从生猪养殖到产品销售的全链条追溯。未来，荣昌区将发展形成以饲料研发加工、智能装备为代表的农牧高新产业集群，拥有全国最大的国家生猪交易市场（电子交易平台），全国唯一的国家生猪大数据中心、国家生猪技术创新中心，畜牧产业规模超过 200 亿元。正在加紧布设的“农数谷”，将会实现数字经济与现代农业的深度融合，纵深推进生猪产业数字化、生猪数字产业化，为荣昌区建设具有全国影响力的畜牧科技创新中心提供发展助力。

在农田与城市之间，沿着川渝建设的现代交通运输网络，物流业正在飞速奔驰。

2022 年 9 月 21 日，交通运输部对 2022 年国家综合货运枢纽补链强链首批城市进行公示。成都联合重庆以城市群申报，从 100 个申报城市（群）中脱颖而出，成为 9 个国家综合货运枢纽补链强链城市（群）之一。国家将对首批综合货运枢纽补链强链城市进行三年支持，每个城市预计可获得 15 亿元支持。

从 2022 年到 2024 年，成都与重庆两地将计划对货物运输投资超 100 亿元，到 2024 年年底，成渝会实现区域多式联运量年均增长率 6%，枢纽港站货物吞吐量年均增长率 5%，国际货物运输量年均增长率 2%的规划目标。

实体经济离不开金融服务的保驾护航，成渝共建西部金融中心将推动实体经济的平稳运行。

2022年12月14日，川渝两地人民政府共同发布《成渝共建西部金融中心规划联合实施细则》，建设西部金融中心的“施工图”就此画下，成渝联手合作，助推其建造落地。

截至2022年8月底，成渝两地就已促成超20家次银行保险机构总行（司）出台专项支持政策，为川渝合作共建重大项目提供信贷资金支持超2 100亿元，提供风险保障资金超350亿元。

同时，川渝两地还深度参与金融机构互通平台共建，推动重庆银行、成都银行等地方法人金融机构签订战略合作协议，促进两地融资担保、财险公司互设机构，协同开展同业合作。截至2023年4月底，两地融资担保业务合作金额已超过120亿元，两地投资机构互投项目已达76个。

以数字信息技术为支持，金融建设与物流网络作依托，成渝现代服务业将参与融合制造业发展，赋能实体产业，带动成渝地区经济增长。

（三）八方来客，四者融通

2022年12月28日19时，2022“成渝双城消费节”暨2023“爱尚重庆·迎新消费季”启动仪式在渝中区解放碑步行街中心广场正式开幕。随着成渝两地20余处代表性新消费场景的解锁推介，21条冬季惠民旅游线路的相继公布，再加上亿元消费券的分批发放，成渝以节造势，营造出消费的火热氛围。建设国际消费目的地，消费节只是其中的一个缩影。而在今后的建设中，成渝将立足巴蜀文化特色，提质升级川渝消费品牌，迎八方来客，邀四海宾朋，共建全球消费核心承载区。

2022 年 8 月 3 日，重庆市人民政府办公厅、四川省人民政府办公厅印发《建设富有巴蜀特色的国际消费目的地实施方案》，从构建巴蜀消费全域联动体系、提质巴蜀消费核心平台、推动巴蜀消费品质提档、做强巴蜀消费特色品牌、推进巴蜀消费创新升级、培育巴蜀消费知名企业、发展巴蜀消费特色产业、促进巴蜀文旅消费融合发展、优化巴蜀消费国际环境九方面提出 22 条具体举措，特别提到要做靓"重庆山水、重庆时尚、重庆美食、重庆夜景、重庆康养"五大名片，打响"成都休闲、成都消费、成都创造、成都服务"四大品牌，推动重庆主城都市区和成都成为国际消费目的地核心承载区。

围绕实施方案，成渝积极推进文旅资源互动引流，整合两地优势消费资源，合力打造富有巴蜀特色的"成渝消费"全新 IP。于是，2023 年"五一"期间"宽洪大量"① 组合再次合作，成为巴蜀文旅"流量担当"。

从 2023 年 4 月 29 日到 5 月 20 日，成都宽窄巷子和重庆洪崖洞携手推出数字徽章送祝福活动，采用交互数字藏品引领游客沉浸式享受都市旅游，游客可凭徽章享受两家景区内部分展览的门票优惠。"王炸 CP"官宣出道，打卡游客络绎不绝，两大景区共同迎来客流高峰。据相关统计，仅"五一"首日，宽窄巷子人流量就突破 10 万人次，创下近三年来最高值，仅自营品牌销量就比去年同期增长 700%左右。而当天洪崖洞景区进园人数也达 9.68 万人次，未进园在

① 成都宽窄巷子和重庆洪崖洞联合推出的特色文旅 IP。

洪崖洞周边的沧白路、千厮门大桥桥面以及嘉滨路的“打卡”游客瞬时最高客流量接近3万人。

以“宽洪大量”为代表，成渝正联手打造特色文旅品牌，并联袂创新，共同推出巴蜀文旅产品。

成渝结合本土自然风光与人文风情，连同红色旅游景区一道，合作打造巴蜀文化旅游走廊十大主题游线路，其中涵盖古遗址文化主题游、世界自然遗产主题游、石窟石刻艺术文化主题游、红色旅游主题游、民族风情主题游等特色产品，宣传展现巴山蜀水的自然之美、人文之韵。

而随着当前消费形势的不断转变，成渝也协同探索文旅消费的全新业态与场景。以“文旅+”为抓手，成渝正大力发展数字文旅、夜间文旅、音乐节会、工业旅游、展览演艺、康养体育、文博非遗、生态旅游、研学旅游、主题节庆等文旅消费新场景。

凭借数字产业的建设基础，成渝合力推出“文旅+科技”产品，吸引游客参观体验。2023年5月18日，第五届中国西部国际投资贸易洽谈会在重庆悦来国际会议中心隆重开幕，会上连偶（重庆）科技有限公司与三星堆博物馆联合推出MR（混合现实）导览电影《古蜀幻地》，该片一经亮相，就引起极大轰动，线下观众纷纷驻足展台，线上讨论热度迅速攀升。借助现代技术，《古蜀幻地》将虚拟情景融入现实场景，让游客不仅能以三维立体形式了解三星堆文物，还能进入虚实结合的世界中，浸入式体验导览电影带来的奇幻感受，这种新奇的方式搭建起了现代人认识与探索文物的时空隧道。

科技与文化深度融合，保护与探索多元并进，成渝文旅消费市场正激发新活力。2023年第一季度，四川省旅游消费金额1 930.93亿元，同比增长8.81%；同年1~2月，重庆市累计接待过夜游客1 517.82万人次，同比增长77.9%。

巴蜀文化旅游走廊建设推进的同时，营造高品质消费空间也在同步跟进。

2022年12月20日11点，成都SKP开始试营业，正式对公众开放。成都SKP刚开业不久，部分店铺门口已经排起长龙，这座商业新地标一出现，就成为消费者的热门打卡地。成都SKP火爆的背后，体现了成渝大力发展的“首店经济”。2022年1月至10月，成都累计落地首店522家，而在12月参与营业的SKP将会引入超1 300个全国一线品牌，涵盖222个首店项目。重庆也加大对首店建设投入，在2022年年初出台的《重庆市培育建设国际消费中心城市若干政策》，对国内外知名商业品牌企业在渝首店，将给予最高不超过100万元的资金奖励。在政策激励下，2022年重庆共引进148家首店，在全国首店约占9%，其中，20%为西南首店，71%为重庆首店。

具有差异化、自带流量的首店吸引着消费者的目光，而消费者也更愿意为此掏出腰包。在感性刺激消费欲望之时，如果维权成本的理性考量突如其来，那么消费者将会犹豫再三，甚至打消购买念头。成渝建设安全友好的消费环境将为消费者打消这一顾虑。

2023年5月29日，重庆市消委会、成都市消委会联合印发《关于建立重庆成都两市跨区域消费维权协作机制的通知》，其中明确表示，两地消费者在重庆、成都区域内购买商品或接受服务，合法权益受到损害的，可向其住所地的消委（协）投诉。接收投诉的消委

(协)应当认真、详细地了解、记录投诉的有关情况，同时对消费者提供的相关证据材料做出初步认定，并通过网络、信函或传真，将该投诉转至被投诉方经营地的消费者组织。简而言之，今后成渝两地跨区域消费，可就地维权，这将大大降低两市消费者异地维权成本。

积极联动优化营商环境和消费环境，加强产品市场监管与消费权益保护，共同营造放心、舒心的消费氛围，成渝正在收获消费者的信赖。《2022 年成渝地区双城经济圈消费者信心指数报告》显示，2022 年成渝地区双城经济圈消费者信心总指数为 108.3，其中，现状评价指数为 108.2，预期信心指数为 108.3。消费者信心总指数、现状指数和预期指数均高于中值，处于乐观区间。

随着巴蜀文化旅游走廊与高品质消费空间的相继搭建，成渝正共同打造富有巴蜀特色的国际消费目的地。沿着《规划纲要》的方向，依托基础设施建设，成渝合力建造西部金融中心与国际消费目的地，协同推动先进制造业基地与现代服务业高地建设，协力推进重要经济中心的全面实现。

第二节 协同共创科技创新中心

2023年5月6日，在成渝（兴隆湖）综合性科学中心暨重大科技基础设施建设现场推进活动现场的热烈掌声中，成渝（兴隆湖）综合性科学中心正式揭牌。自此，成渝（兴隆湖）综合性科学中心将连同已投入使用的成渝（金凤）综合性科学中心一起，共同构建起成渝综合性科学中心的发展格局。目前工程项目正在紧密进行，施工单位将参照规划图纸，用一锹一镐的不懈努力，修筑起科技中心的建设基地。工程建设容不得半点马虎，科技创新也是同理。成渝正脚踏实地，步步为营，发挥本土科教人才与特色产业优势，优化创新环境与科研布局，激发各类创新主体的发展活力，大步迈向科技创新中心的规划目标。

（一）合作建城，协同铸新

沿着天府新区兴隆湖畔散步，远望布局在湖岸一侧的高大建筑群，便是西部（成都）科学城“一核”——成都科学城。站在成都科学城顶楼上鸟瞰，下方是碧水映天，一湖湛蓝，而用更广阔的视野去俯瞰，成都科学城所屹立的，是成渝建设西部科学城的发展大局。

2023 年 4 月 12 日，科技部、国家发展改革委、教育部等 14 部门共同制定的《关于进一步支持西部科学城加快建设的意见》（以下简称《意见》）正式发布，这是国家层面首个专门支持西部科学城建设发展的文件。其中，《意见》首次明确西部科学城“2+2”的先行启动区范围，将以西部（成都）科学城、重庆两江协同创新区、西部（重庆）科学城、中国（绵阳）科技城作为先行启动区，并提出 2025 年至 2035 年的建设目标，还从战略科技力量打造、关键核心技术攻关、科技体制机制改革、区域交流合作、组织实施保障等方面，全方位提出建设措施。圈定四地作为先期建设区域，这一规划是出于最大化发挥当地科技创新基础优势的考量。

以中国唯一的科技城——绵阳为例，自 2020 年 12 月 23 日，绵阳科技城新区经四川省人民政府批准同意设立开始，绵阳就奋力前进在建设科技创新的道路上。2023 年 5 月 11 日，绵阳市举行 2023 年科技创新大会，发布《关于进一步支持科技创新十条政策（试行）》，明确设立 10 亿元科技创新资金，统筹用于支持创新主体引育、创新平台建设、创新环境优化、创新创业等领域。

加大对科技创新投资的同时，绵阳也在构建科研创新的生态环境。绵阳市积极破除体制机制障碍，与在绵科研院所、高校、企业“联姻”，遴选三批共 69 名科技工作者担任科技助理，促进政府、科研院所、高校和企事业单位交流合作，合力推进科技成果转化、关键核心技术攻关、“招院引所”等工作，有效激活科技创新潜力。

科技助理搭桥献策，聚集研发疑难问题，而面对科研难题，搭建运营云上两城，是解决问题的新思路。2022 年 4 月，绵阳部署“云上大学城”和“云上科技城”两大抓手，通过云上招引、云下落地，引育了一批科技创新人才，促进科技成果落地转化。截至 2023 年 5 月底，平台已入驻中国科学技术大学、哈尔滨工业大学、电子科技大学等 20 所知名高校和来自北京大学、中国航天科工三院等 19 个国内外创新创业团队，而项目推出一年时间内，仅“云上大学城”就与在绵阳的 50 余家单位达成技术合作，推动转化在绵阳落地科技成果 30 项。

科技立市，创新发展，绵阳科技创新带来的活力正不断涌现。据 2023 年 5 月 11 日召开发布的《2022 年绵阳市科技创新工作报告》，绵阳市排名中国城市科技创新百强榜第 20 位，较 2022 年上升 21 位；获批建设国家创新型城市，全社会研发经费支出 239.5 亿元，研发投入强度 7.15%，再创历史新高，稳居全国城市前列；科技助理累计收集技术需求和科技成果 700 余项，完成对接 400 余项；在绵科研单位荣获 21 项省科学技术奖，常态化举办“创新金三角·智汇科技城”活动，面向全国发布科技成果超过 400 项；成功举办 3 场“揭榜挂帅”榜单发布会，25 个项目被“揭”，揭榜国家新一轮全面创新改革试验任务 4 项、省级国防关键核心技术攻关项目 7 个，数量均占全省 40%。

依托科创基础优势，乘着国家政策东风，在建设西部科学城先行启动区的道路上，绵阳将会快步向前，并在与另外三地的合作交流中，参与建设西部科学城。而在建造西部科学城的进程中，协同创新是关键词之一。

2021 年 4 月 23 日，川渝科技资源共享服务平台在重庆正式上线，平台整合 12 000 多台（套）大型科研仪器设备，总价值约 112 亿元，两地科研人员可实现统一身份认证、一键登录、仪器设备共享。

成渝合作探索科技资源的开放共享，也在共同完善两地协同创新的制度体系。为此，两地签订“1+6”科技创新合作协议，全方位深化创新合作。成立川渝协同创新专项工作组，定期召开工作组会议。

在科研创新合作上，两地持续发力，将合力搭建科技创新平台，切实增强川渝地区协同创新发展。据统计，目前川渝两地已成立高校、高新区、产业园区、创新基地等联盟 40 余个，共建（省市）重点实验室等创新平台 9 个，联合实施研发项目 110 项，共享科研仪器设备 1.2 万台（套）。

在此基础上，根据《意见》，未来成渝将合作共建国家级创新平台，并针对关键核心技术合力攻关。《意见》指出，成渝要加快培育超瞬态实验装置储备项目，加强大规模分布孔径深空探测雷达、空间太阳能电站关键系统综合研究设施等探索预研。

依照国家层面意见，成渝加快布局西部科学城建设，俯瞰成渝大地，协同铸新、合作建城的发展画卷正徐徐展开。

（二）产业攻坚，技术落地

2023 年 4 月 7 日，“成渝地区双城经济圈科研院所联盟成立大会”

在成都隆重召开，来自川渝两地近100家科研院所、新型研发机构和社会团体相关机构代表140余人参加此次会议。一个多月后，2023年5月15日至17日，在重庆市科学技术局、四川省科学技术厅组织下，成渝地区双城经济圈科研院所联盟带领16家央属、省属科研机构的近30名专家走进南充开展科技对接服务活动。本次活动中，院所专家积极建言献策，共同探讨成渝南高校院所与企业科技合作的内容，针对企业关心的技术难题提出解决方案，发挥出成渝地区双城经济圈科研院所联盟对产业发展的技术带动作用。

除技术难关惹企业经营者抓耳挠腮外，新技术的落地投产问题，也同样令人困惑。这一点在高新技术领域尤为明显。在专家考察建言之外，开办科技成果对接会，助力打通科技成果转化的“最后一公里”，不失为一种方案。2023年4月20日，重庆市科技成果进区县专项行动铜梁专场暨成渝地区“双城协同·融合创新”科技成果对接会在铜梁举行。在此次科技成果对接会上，重庆大学、西南大学、北京理工大学重庆科创中心、吉林大学重庆研究院、重庆金融科技研究院等高校和科研院所，聚焦新能源新材料、智能装备等铜梁区重点产业领域发布和推介科技成果近100项。其中，湿式摩擦材料开发与产业化合作、气体压缩技术产学研合作、静脉识别技术在智能安防领域的应用合作、病人信息智能诊疗系统合作等6个产学研合作和科技成果转化项目成功签约。

在内部科研项目加紧与企业对接生产的同时，外部科技创新资源的转移转化正为成渝注入全新活力。2021年12月6日，国家技术转移东部中心沪渝协同创新中心授牌仪式在两江协同创新区举行，携手 5 家单位正式入驻两江协同创新区融合创新中心。随着成渝地区双城经济圈战略的深入实施，通过联合举办区域与国际对接活动，成渝将链接国内乃至海外的科技创新资源，推动跨区域科技要素互通，构建区域间资源共享网络，搭建沪渝、成渝之间技术转移转化的桥梁。据 4 月 24 日沪渝协同创新中心发布信息，2023 年，沪渝中心通过与成都市科学技术局和成都市科学技术推广中心合作，集中向成都市各区企业推荐协同创新区内科研院所的技术成果 300 余项，共征集到成都企业合作意向 31 项，企业技术需求 105 项，已组织企业与团队进行技术对接 8 次。通过与双流区科技成果转化和技术交易中心的深度合作，成功促成 2 项企业与院校团队合作项目的签约。

科技创新是产业发展的不竭源泉，引一江春水向东流，有源头活水方能海晏河清。激发各个市场主体的参与积极性，建设科技转化的活水源泉，不仅要有科研院校的参与对接，还需要科创企业的主动表达，相关赛事的出现正给予这些企业展现空间。2023 年 2 月 16 日，由重庆市江津区携手重庆市永川区、四川省泸州市共同举办的成渝地区双城经济圈首届“专精特新”创新赋能大赛在西部（重庆）科学城江津片区（双福工业园）团结湖科技创新中心正式启动。大赛重点围绕高端装备、智能网联新能源汽车、电子信息、新材料、生物医药五大产业领域在技术瓶颈、创新应用及应用场景等方面的需要，面向成渝地区，延伸至京津冀、长三角、粤港澳三大城市群的“专精特新”企业征集解决方案。赛事除现金奖励外，还将重点推荐链属企业及有发展前景的“专精特新”企业的落地与引进。

依托重大科研比赛，在解决产业发展疑难的同时，发掘具有培养潜质的科创企业，积极引进先进技术，转化成果落地生根，而启动会上相继发布的机会清单将从更大层面满足产业建设需求。三地联合公布《成渝地区双城经济圈（泸永江）首批重点应用场景机会清单》，主要聚焦高端装备、智能网联新能源汽车、电子信息、新材料、生物医药五大产业领域的 15 个场景项目征求实施方案。其中，需求信息共 50 条，场景总值达 1 026. 6 亿元，智慧解决方案需求信息 10 条；新技术研发及产品类需求信息 25 条；平台建设信息 5 个；重大项目 3 个；实验室 7 个。项目针对目前产业发展痛点，涉及领域多为高新技术方向，如在智能网联新能源汽车开放方面，就有江津区智能网联汽车技术创新场景、永川区汽车电子技术研发场景、江津区氢燃料电池研发应用场景和江津区新能源汽车共性技术研发中心。把企业发展面临的技术难题摆出来，加以“重金悬赏”，集思广益，问题由此而解，产业因此而兴。

从产业疑难到科研方向，由研究报告到研发成果，成渝凝聚创新智慧，建设科研活力，打通研发投产的“断头路”，架设科研转化的“康庄大道”。

（三）科技争先，创新向远

2023 年 4 月 26 日，备受关注的“2023 中国医学装备大会暨医学装备展览会”在重庆国际博览中心顺利举行。本次展览会共吸引了 628 家国内外企业参展，展出内容涉及国内外先进的医学装备、新产品新技术、关键核心部件、应用解决方案、服务平台等领域的上万种产品，其中有 467 种产品为本次展览会首发。而在展会中，一台能通过二维码扫描输液袋，进行药瓶检测、注液、抽吸等操作后，完成药品配制的“智能静脉用药调配机器人”吸引着一批观众和行业专家驻足参观。该机器人的研发厂家是成都杰仕德科技有限公司。工作人员介绍，这台具有“成渝智造”血统的配药机器人是全球第一款由医生研发的配药设备，系列产品经过逾 400 万次的临床应用验证，是真正拥有完全自主知识产权的中国原创技术，拥有 300 余项专利。其中，最新一代西林瓶配药机器人的工作效率已达到行业最高水准。

成渝科技产品不断在争创行业先列的同时，科研领域也在向深发展，在重大科技基础设施建设优势之上，探索前沿科技道路。以西部（重庆）科学城为例，截至 2022 年年底，相继建成投用的就有种质创制大科学中心、中国自然人群资源库、广州实验室重庆基地、工业软件云创实验室、北京大学重庆大数据研究院等一批重大科技基础设施。

逢山开路，遇水架桥，在合力搭建的科研基础上，成渝向前沿科技方向进发。2023 年 5 月 14 日，金凤实验室举行 2022—2023 年度科技成果发布会，首次集中发布实验室投用以来的 7 项科技创新成果，涵盖免疫病理基础研究、数字病理设备、病理人工智能诊断、高能级科研平台等多个方面，多项成果为首创。作为西部（重庆）科学城的“头号工程”，金凤实验室自 2022 年 6 月正式揭牌投用以来，就以“重大疾病的下一代诊断”为核心任务，按照“开展原创性研究，产出引领性成果，赋能产业创新”的要求，构建高能级科技创新平台，在关键科研仪器设备及底层系统方面实现重大技术突破，高起点、高标准打造重庆实验室的“新样板”、国家实验室的“生力军”。

以金凤实验室为代表，成渝正着力加强科技建设，从收获的成绩单来看，成绩很亮眼。根据2022年成都科创成绩单，成都市新增国家级科技创新平台9个；国家高新技术企业净增3 489家，总数增至1.14万家，较2021年增长近44%。全市登记技术合同成交金额突破1 400亿元；科创板上市（过会）企业总数达17家，居全国第6。根据2023年重庆科技创新工作报告，2022年重庆市集聚各类研发平台964家，获批国家基础研究科研项目1 013项，项目经费达7.22亿元；新增科技型企业6 050家，同比增长16%；新增高新技术企业1 240家，同比增长24%；新增国家科技孵化平台19个，技术合同成交额630.5亿元，实现翻番。

在科技研发争先创优的同时，创新合作平台也在不断向远，搭建起更广阔的天地。2022年6月29日举行的推动成渝地区双城经济圈建设重庆四川党政联席会议第五次会议上，双方审议《成渝地区共建“一带一路”科技创新合作区实施方案》，就夯实国际科技合作能力基础、推进多层次宽领域科技人文交流、建设专业化国际技术转移中心、打造绿色低碳科技合作网络等方面进行研究。而在本次《关于进一步支持西部科学城加快建设的意见》中，提出要高水平建设“一带一路”科技创新合作区和国际技术转移中心，布局“一带一路”国际科技合作基地和国别合作园区，还要高水平举办“一带一路”科技交流大会，加强科技交流的国际合作。在更大的格局下，成渝发展科技创新的视野将不再局限这一域，在全球科创浪潮中，如何合纵连横、协同发展，还待成渝思索。

在科技创新的道路上，总有崎岖，常有坎坷，但成渝携手探索，并肩齐行，终会踏平坎坷复成道，相会盛世再出发。科创的浪潮，终将汇涌成渝。

第三节 | 合力建设改革开放新高地

2023 年 5 月 18 日至 19 日，中国-中亚峰会在陕西西安成功举行。峰会期间，中国同中亚五国达成包括《中国—中亚峰会西安宣言》（以下简称《西安宣言》）、《中国—中亚峰会成果清单》等在内的 7 份双多边文件，签署 100 余份各领域合作协议。在《西安宣言》中，中国同中亚五国提出要建设中国—中亚“1+3”通道走廊体系。其中，“1”是中国—中亚交通走廊；“3”是以中国—中亚交通走廊为基础，分别向北线延伸出中国—中亚—欧洲多式联运走廊，向西线延伸出中国—中亚—中东多式联运走廊，向南线延伸出中国—中亚—南亚多式联运走廊。自此，成渝西向陆上通道建设迎来新阶段。不到两周时间，5 月 31 日，成都—中亚新通道（中吉乌铁公联运）班列便从位于成都市青白江区的成都国际铁路港首次发车。本节介绍成渝合力建设改革开放新高地的相关改革措施。

（一）经政适离，通办施行

2018 年 12 月 28 日，川渝两地高速公路取消省界收费站，自 2004 年 7 月设立，位于四川和重庆交界的渝邻高速草坝场收费站正式取消。用了十四年时间打通一条省界，改革似乎总是艰辛，但打通省界后，成渝发展道路却随之畅通无阻。

自 2020 年 12 月 29 日，川渝高竹新区获川渝两省市政府共同批复设立起，今已历时两年。从诞生起就没有省界的川渝高竹新区，在探索经济区与行政区适度分离道路上的改革步伐迈得坚定而又大胆。目前川渝高竹新区已成立全国首个跨省域税费征管服务中心、全国首个跨省域医保经办服务平台、川渝首个跨省办电机构，正积极推进跨省域服务办理。以 2021 年 10 月挂牌运营的川渝高竹新区税费征管服务中心为例，原先往返两地要耗时近 3 个小时，而现在要到重庆市渝北区办理的业务都可由专窗办理，仅用 5 分钟就能搞定。截至 2023 年 4 月底，川渝高竹新区税费征管服务中心通过跨省（市）电子税务局互联互通，实现 62 项高频事项跨省通办，20 项线下业务“专窗通办”。这一有力改革实践，优化改善着川渝高竹新区纳税人、缴费人的办税体验。相关人员的纳税缴费意愿也得以提升，更愿意主动前来办理业务。仅 2023 年 4 月，川渝高竹新区税费征管服务中心就累计办理 12 813 笔业务，其中四川 7 669 笔，重庆 5 144 笔。

川渝高竹新区在探索经济区与行政区适度分离道路上大步流星的背后，是四川政府与重庆政府的鼎力支持。2021 年 5 月 20 日，广安市五届人大常委会第37次会议通过《广安市人民代表大会常务委员会关于川渝高竹新区行使广安市级经济管理事权的决定》，将市级134项经济管理事权下放川渝高竹新区。其中，授权事项123项，委托事项11项，共涉及发改、经信、财政等14个部门，对川渝高竹新区经济管理放出一定自主权。2023年4月10日，中国（重庆）自由贸易试验区工作领导小组办公室批复第二批中国（重庆）自由贸易试验区联动创新区名单，川渝高竹新区成功上榜，这是川渝高竹新区在探索经济区与行政区适度分离改革、推动联动创新机制这盘棋上再次掷下的关键一子。

以川渝高竹新区为代表示范，成渝合作探索经济区与行政区适度分离改革。这条路从未有人涉足，沿路布满泥泞，深一脚、浅一脚地摸索前进，才能度量出改革道路的深浅，压实建设经验并积累起厚度。2023年3月28日，四川省人民政府、重庆市人民政府印发《推动川南渝西地区融合发展总体方案》。至此，川渝在毗邻地区规划布局的10个融合发展平台中已有9个出台总体方案。在这些总体方案中，成渝积极破除经济区与行政区阻隔，推动跨行政区规划衔接、政策协同、平台共建、项目协作，不断健全融合发展机制，以期形成一批可复制可推广的制度性成果。

在成渝协同探索改革方案进程中，“川渝通办”是改革亮点成果之一。2020年以来，川渝两地创新推出营业执照异地互办互发服务平台，分3批次发布311个事项清单，推动“川渝通办”从市场准入到全方位协同，促进公共服务均等化、普惠化、便捷化，让双城经济圈的高质量发展更加“惠民有感”。在此基础上，川渝两地人社部门共同印发基本公共服务统一要素表，32 项试点服务事项实现“无差别受理、同标准办理”；试点先行养老保险关系转移资金定期结算，办理时限由 45 个工作日缩短到 10 个工作日；推动建立川渝地区首个跨省市社银一体化网点，实现 63 项人社业务 24 小时自助办理、92 项人社业务单一窗口办理，最大限度让群众和企业“只跑一次”甚至“一次不跑”。

“川渝通办”不仅关注公共服务的便捷开展，在民众关心的住房公积金领域也有所回应。2020 年川渝两地启动住房公积金一体化发展，逐步实现住房公积金缴存、提取、贷款等 50 余项信息实时在线共享，以及住房公积金缴存人贷款资格校验、贷款提取等 18 个“川渝通办”事项。

两地各级政府携手努力，打破政务服务的地域阻隔和行政壁垒，“川渝通办”的道路还在不断拓展。2022 年 8 月，重庆高新区携手成都高新区开展“一业一证”跨省通办工作，通过推行“远程办理、免费邮寄、协同联动”的服务模式，实现重庆高新区和成都高新区两地市场主体异地办理“一业一证”、证照互发互认。

成渝联手，川渝通办，从过去的“来回办”“难得办”到现在的“指尖办”“随时办”，办事里程越跑越少，群众笑脸越办越多。在川渝两地着力推进系统联通和数据共享的努力下，“渝快办”平台、“天府通办”平台与国家部委业务系统相继联通，打通数据共享通道，实现更多场景的电子化应用。截至 2023 年 5 月底，项目已经实现公安、人社、交通和自然资源等 44 个部门 317 类数据资源的落地共享，“渝快办”“天府通办”平台累计归集电子证照数据 1.7 亿条。

此外，居住证、不动产登记证明、食品经营许可证等 34 项电子证照还将实现川渝两证互认。成渝多方合作建设的努力也得到民众切实回应。数据显示，自 2020 年首批“川渝通办”事项推出以来，截至 2022 年 12 月底，“川渝通办”累计办件量（含查询访问类）超过 1 300 万件次，日均近 2 万件次。

成渝携手改革探索，不仅使道路省界被接连破除，经济区与行政区的“省界”也在相继被打开，改革道路通畅，川渝通力合作，前途一路光明。

（二）深化开放，联动合作

2022 年 9 月 15 日 10 时 30 分许，四川首趟中吉乌“公铁联运”国际班列在成都（双流）空铁国际联运港发车，满载 20 个货柜的中国茶叶，经兰州到喀什，再转乘公路从新疆伊尔克什坦口岸出境，然后经吉尔吉斯斯坦，最终达到乌兹别克斯坦，全程运输时间 15 ~ 20 天。在这趟列车从成都驶发的 9 个多月后，2023 年 5 月 31 日，成都—中亚新通道（中吉乌铁公联运）班列从位于成都市青白江区的成都国际铁路港首次发车，而本次搭载的是一批发电机等机器类产品，运输线路大体相似，但全程运输时长预计为 15 天。时间向前出发，班列向西启程，于一趟趟首发班列的开设中，成渝正搭建起对外开放大通道。

远望位于成都市青白江的成都国际铁路港，整装待发的是一趟趟国际班列，走进不远处的展示中心，在巨型 LED 屏幕上，一条条班列的运行线路清晰可见。随着成都国际班列四向拓展、联通海外，屏幕上的世界各地相继被点亮，成渝经贸的触角也顺着构建的对外开放大通道辐射到沿线地区。2021 年，中欧班列（成渝）带动四川、重庆对“一带一路”合作伙伴进出口分别增长 20.4%、26%，对欧盟进出口分别增长 13.2%、19.5%。而截至 2022 年 12 月底，经陆海新通道，仅重庆就累计运输 42 万标箱，货值 728 亿元，物流网络覆盖 119 个国家和地区的 393 个港口。

顺着对外开放大通道，国内商品走出国门、迈向世界。与此同时，成渝也在合作构建高层级对外开放平台，通过举办国际展会与招商活动，讲好成渝发展故事，吸引海外各国参与成渝开放合作，让川渝既能“走出去”，又能“引进来”。

2023 年 5 月 18 日上午，第五届中国西部国际投资贸易洽谈会开幕式暨 2023 年陆海新通道国际合作论坛在重庆悦来国际会议中心举行。在本次西洽会期间，“投资中国年”首次走进会议现场。“投资中国年”是由商务部、重庆市人民政府共同主办，商务部外资司、重庆市商务委员会承办的西部地区专场推介活动，将组织重点产业外资企业赴西部考察投资，充分展示西部投资机遇。据重庆发布消息，活动已邀请到来自英国、美国、德国、日本、韩国、丹麦、泰国、菲律宾等 10 余个国家的 105 家跨国公司、国际组织和知名企业，约 200 位嘉宾参会，涵盖高端装备制造、商贸服务、材料化工等 10 余个行业，其中相当部分企业还是首次走进西部、走进重庆。同时，本次活动还吸引不少境外企业“组团”来渝参加，如泰国华人青年商会、菲律宾广东商会等组织了 20 余家在泰在菲企业，来西部探讨

“一带一路”倡议建设和西部陆海新通道国际合作新机遇；英中商业发展中心、欧盟商会等组织了 20 余家来自欧美国家的企业代表团来参会，现场了解、感受和发掘西部投资机遇，共谋合作发展。

筑巢引凤来。成渝正依托积极搭建的合作投资平台，广邀国内外企业共享发展机遇，吸引利用外资参与建设，共同融入构建成渝地区双城经济圈的发展大局。本届西洽会吸引来自全球各地近 1 900 家中外知名企业（机构）参展参会；集中签约重大项目 88 个，合同投资超 2 907 亿元。单个项目平均投资额 34 亿元，较前四届西洽会平均投资额高出 8.4 亿元。

固巢留凤栖。引进外资的同时，成渝也在同步建设国际一流的营商环境。2022 年 1 月 18 日，四川省人民政府办公厅与重庆市人民政府办公厅联合印发《成渝地区双城经济圈优化营商环境方案》。

在此方案指导下，成渝加紧施工，积极建设。以重庆为例，针对外资领域，重庆创建外商投资企业智慧服务云平台，组建市级“行政服务管家”队伍，外资服务力量进一步增强。

除不断提升营商服务水平以外，重庆也在积极与世界对话，共同打造国际化营商环境。2023 年 6 月 1 日，“@重庆@世界 · 外国领馆、涉外机构及企业代表对话重庆国际化营商环境活动”正式举行。本次活动由重庆市政府外办、市商务委联合举办，邀请意大利、菲律宾、日本、缅甸、加拿大、乌拉圭、荷兰、英国、匈牙利、韩国、白俄罗斯、澳大利亚、奥地利 13 国驻渝蓉总领事馆代表，越南工贸部驻重庆贸易促进办公室等 7 家涉外机构的代表，英国怡和、丹麦嘉士伯等 13 家外资企业的代表，以及外籍专家代表参加座谈会。针对外方诉求，相关部门负责人在现场进行回应，并听取外方代表建议，群策群力，共同探讨如何优化重庆国际化营商环境。

联动开放、合作架桥，搭乘对外开放的东风快列，成渝积极与世界拥抱，加强经贸合作，共享发展机遇。

（三）开放前沿，改革高地

2023 年 4 月 26 日，第二届成渝地区双城经济圈全球投资推介会在深圳正式举行。大会以“远见者 鉴未来”为主题，推介成渝双城经济圈的投资新机遇、好产业，并面向全球发出投资川渝、共创繁荣的诚挚邀请。

走出成渝地区，开办全球投资推介会，站在各国投资者面前自荐，这一举措的底气是成渝喷薄发力的产业建设。在本次全球投资推介会上，川渝两地经济合作部门共同对外推介智能网联新能源汽车、高端装备、科技创新、电子信息、生物医药、新材料六大重点产业，发布“双城双百”产业机会清单及成渝地区双城经济圈协同招商十条措施。其中，“双城双百”产业机会清单为四川和重庆两地各自包装推出 100 个投资项目，总投资额超过万亿元，涵盖四川省六大优势产业和部分现代服务业，以及重庆智能网联新能源汽车、高端装备等优势产业。“招商十条”则瞄准进一步深化双城经济圈协同招商，推进双方在共商产业发展、共谋政策支持、共用合作平台等 10 个方面深化合作，努力形成高效分工、优势互补、协同发展良好格局。

机会清单与招商措施中的一条条文字内容延伸开来，随着投资项目的相继推出，会演变为成渝日后投产的一条条产业链条，其从文件到现实，能够落地实现的底气是成渝的产业建设。而成渝远在深圳发布产业机会清单，如果说它的底气是作为大后方成渝地区的产业基础，那么，作为对外开放前沿的成渝地区，它的底气是什么？

这个问题也许能在成渝面向国际的交通路网中得到答案。经陆海新通道，成渝联通了亚欧，但在四向道路中，更多途径沟通的是广袤无垠的中国大地。中国建设带来的发展机遇，国家战略赋予成渝的时代使命，才是推动成渝面向海外、昂首屹立的真正底气所在。

在国家支持下，成渝加快部署交通物流建设，架好对外交流的快行通道，而国家建设世界级机场群的文件出台，给成渝从空中带来了新机遇。2022 年 3 月 15 日，民航局召开新闻发布会，发布《民航局关于加快成渝世界级机场群建设的指导意见》。文件提出以成都、重庆国际航空枢纽为引领建设成渝世界级机场群。同时，成渝要与京津冀、长三角、粤港澳大湾区三大机场群实现协调联动发展，使我国机场网络布局更为均衡，这将对我国乃至亚太地区、全球航空运输格局产生重要影响。

国际航线交织成网，构建起成渝通向世界的空中窗口网络；而地面上，成渝也在穿针引线、疏通其间，精密进行两地的改革建设。未来，“川渝通办”事项会继续增加，针对民生企业疑难问题，川渝会及时作出回应，补齐政策短板。除推进“川渝通办”外，川渝协办随之也进行了其他方面的协同机制改革。目前，川渝已建立跨行政区域外商投资企业投诉处理协作机制、建立跨省设立的联合河长办、构建跨区域“同一标准办一件事”的市场服务系统、构建知识产权跨区域快速协同保护机制等一大批川渝协作办理的制度机制，改革春风还将加快拓展到成渝经济社会的各个领域。

成渝对内改革、对外开放，打造川渝与世界交流的示范窗，筑牢成渝国际合作的发展线，共同构建改革开放新高地。

第四节 共同打造高品质生活宜居地

2022 年 7 月 28 日至 30 日，2022 川渝住房城乡建设博览会在重庆国际会议展览中心成功举办。本次展会以“川渝合作，共建高品质生活宜居地”为主题，吸引来自成都、自贡、万州、涪陵等川渝两地 42 个市（州）、区（县）以及 200 余家住建领域的科研院所、企事业单位参与。通过川渝住房城乡建设博览会这一展窗，成渝全方位、多角度展现了高质量发展住房城乡建设的新成果与新水平。成渝正在从生态与人居环境建设入手，加强生态文明建设，推动社会事业的共建共享，以实现高品质生活宜居地的发展目标。

（一）生态共建，绿色发展

2023 年 6 月 7 日，“牢固树立上游意识 守护好一江清水”川滇黔渝联合行动启动仪式在四川省宜宾市长江公园三江口举行。川滇黔渝四省市携手建立完善长江保护合作机制，共同充分发挥各自优势，扩大各方务实合作，深入践行“绿水青山就是金山银山”的发展理念，构建绿色低碳生产体系，合作筑牢长江上游生态屏障。四省市联手，共营一江清水向东流，因为生态环境保护不是任何单独一方的义务，唯有多方协同合作，才能建成生态建设的坚实屏障。

在合作保护长江上游环境方面，成渝一直是生态文明建设中的一道靓丽风景线。2020 年 9 月，川渝签订《川渝生态环境保护督察协调联动合作协议》，紧盯跨界突出生态环境问题，探索开展联动督察、联动整改工作，实现一张清单“管两地”，有效打通“上下游”“左右岸”行政区划壁垒。在此基础上，2021 年，川渝两地专门制订联合执法工作计划，明确行动方案。在实施过程中双方联合指挥、共同调度，严肃查办移交案件，推进跨省市环境联合执法工作机制在实践中落地生根。成渝联动执法，抽调两地人员组成联合检查组，共同参与生态环境监察，合作督促属地党委和政府抓好整改任务并及时落实。

生态保护联动进行的同时，执法尺度也在统一规划，成渝合作执法的外延还将不断拓展。2022 年，川渝两地修订自由裁量基准统一执法尺度标准，开展联合执法稽查，并在毗邻区县开展突发环境事件联合应急演练，在宽度、深度上进一步深化合作交流模式，优化执法方式，提升执法效能。

联合执法、统一尺度，成渝在不断探索并推进具体措施开展；而在总体规划上，川渝也在加紧擘画。2022 年 2 月 14 日，生态环境部会同国家发展改革委、重庆市人民政府、四川省人民政府联合印发《成渝地区双城经济圈生态环境保护规划》（以下简称《规划》）。其中，聚焦成渝地区面临的系统性、区域性、跨界性突出生态环境问题，《规划》明确绿色低碳发展、生态保护修复、生态环境质量和人居环境改善四个方面的具体目标指标，提出推进绿色低碳转型发展、筑牢长江上游生态屏障、深化环境污染同防共治、严密防控区域环境风险、协同推进环境治理体系现代化五项重点任务及九大重点工程，为成渝地区推动生态环境保护、推进建设高品质生活宜居地提供指导方案。

在《规划》部署下，成渝两地协同合作，积极落实生态保护相关协议，推动保护与修复并驾齐驱，加强生态环境的合力建设。截至2023年3月底，成渝两地累计签订落实生态环境保护合作协议近100项，在治水、治气、治废、督察、执法等领域打造跨省域协作样板。在生态修复领域，川渝共同落实长江“十年禁渔”，两地提前完成1.5万余艘渔船、近2.7万名渔民退捕上岸；联动实施“两岸青山·千里林带”建设280余万亩，协同修复长江干支流沿岸废弃矿山7 000余公顷。

此外，成渝还在关注流域内污染防护工作，加强跨省域的联合治理。目前川渝已协同立法以加强嘉陵江流域水生态环境保护，建立流域横向生态补偿机制，共同在铜钵河、琼江等跨界河流投资20余亿元，实施110余个治理项目；统一重污染天气预警和应急响应标准，开展蓝天联动帮扶6轮次，协同推动两地120家水泥企业精准实现错峰生产；在全国率先开展跨省域“无废城市”共建，首创危险废物跨省转移“白名单”制度并拓展延伸到云南省、贵州省，平均审批时限由1个月压缩至5天。

川渝以生态协作建设共筑绿水青山。生态绿色之美不仅存在于成渝治理保护的山川河湖之中，还将拓展到川渝着力推行的绿色生产生活方式中。2022年2月23日，《成渝地区双城经济圈碳达峰碳中和联合行动方案》（以下简称《行动方案》）发布，明确指出成渝地区将共同完成包括区域能源绿色低碳转型行动、区域产业绿色低碳转型行动等在内的10大项26小项重点任务，促进区域经济社会绿色低碳高质量发展，推动成渝地区参与到全国实现双碳目标的发展大局中。参照《行动方案》，成渝地区将通过打造绿色低碳制造业集群、共建川渝森林城市群，合作实现成渝地区双城经济圈的绿色可持续发展。

在合力推动绿色低碳产业转型工作开展的同时，川渝也在积极向民众宣传，鼓励其参与到绿色发展的低碳生活中来。2023年6月5日，成都高新区生态环境城管局联合重庆高新区生态环境局、成都高新区检察院开展“高新低碳联盟圆桌派——双碳‘3060’引领绿色低碳生产生活方式新风尚”主题直播活动，为民众讲解国家“双碳”政策、生产生活方式绿色转型等相关问题。通过直播的形式与群众实时互动，解答在日常生活中如何实现低碳环保、节能减排，以及企业如何进行等疑难问题，这既能宣传推广绿色低碳的发展模式，又能发现民众最关切的问题，从而找到下一步工作的着力点，推动绿色低碳的生活生产实践。

协同生态保护，推广低碳发展，共护一江清，铺开两岸绿，推进生态环境建设与绿色低碳发展，成渝在路上。

（二）城乡互融，服务共享

2023 年 5 月 10 日，成都市温江区—重庆市巴南区推动成渝地区双城经济圈建设交流活动在温江区举行，这标志着两地跨区域合作进入崭新阶段。成都市温江区、重庆市巴南区同为国家城乡融合发展试验区，也是成渝地区双城经济圈建设中的非毗邻战略合作区，从两地的发展实践中，可以看见成渝推动城乡融合发展和非毗邻区合作的建设缩影。

乡村产业建设是城乡融合发展的重点之一，针对花木产业的发展问题，温江区积极推荐成都都市现代农业产业技术研究院配合巴南区开展城乡产业协同发展平台专题研究，探索建立可操作、有突破的具体路径，共同搭建巴南城乡产业协同一站式公共服务中心、“1 链 3e”数字化共享平台，复制推广温江“区块链+农业”的成功经验，在承接温江花木存量销售、种苗培育和助力巴南花木品质提升等方面开展有益探索，推动城乡融合发展方面取得新进展。

在乡村产业建设中，温江、巴南两区注重项目建设投入，推进产业协同发展，共同参与建立农业科技园。由温江、巴南两区政府搭桥，两地企业联手，共同推动成渝地区双城经济圈数字农业科技园和种苗科技园项目建设，依托两地优势资源，相互借鉴、互补合作、互相支持，打造非毗邻地区合作的产业协同发展载体。在本次建设交流会中，成渝地区双城经济圈（温江 · 巴南）种苗科技园项目就将依托两地优势资源与建设基础进行开设。项目将以温江临江基地为重要载体，进行种苗研发、培育，并在温江和巴南区建立生产基地，带动当地产业加快发展。

此外，两地还十分关注本土优势利用。以位于成都市温江区的成都花木交易所为例，它是经国务院部际联席会议验收通过的西南地区唯一一所国家级花木交易所，具有独特产业发展优势。而温巴双方主导产业之一就是花木（农产品），依托以上基础，温江区在巴南区设立花木交易咨询机构，围绕“花木进出口+电子交易+现代物流+供应链金融”模式开展业务合作，一方面扩大花木交易所的品牌力量和显示度，不断提升交易所服务品质，拓宽交易资源渠道；另一方面为巴南区提供花木产品上市交易的技术指导和信息支持，双方联合做优做强花木产业。

依托本土独特优势，协同开发建设，并积极引入先进经验与技术支持，成渝地区城乡融合发展案例虽各具特色、互有差异，但本质上殊途同归：大多都是在主动发掘内在优势、加强外部联合发展中进行。建设方案难较优劣，在城乡融合发展探索道路上，成渝皆是同行客，大胆向前走，前方都是新天地。

在城乡融合发展进程中，公共服务共享也在被提上议程。2022年11月18日，2022年成渝双城文化和旅游公共服务产品采购大会暨成都市第四届公共文化服务超市线下活动（以下简称文采会）在成都市文化馆启动。

活动当天，大会开展以“成渝地区双城经济圈、成德眉资同城化发展全民艺术普及公共文化服务创新探索”为主题的交流研讨会，聚焦城市公共文化服务的新场景拓展及未来发展趋势，各方积极谏言，在不同思维的交流碰撞中，为区域公共文化服务的发展带来独到见解与观点。

对公共服务共建共享的探索，成渝脚步未曾停歇，合力将公共服务的触角向更远处延伸。2022 年，川渝两地举办 35 场重大群众文化活动，持续打造“成渝地·巴蜀情”公共文化服务品牌，开展“成渝德眉资”“万达开云”“内眉乐荣”“川南渝西”“资足常乐”等区域文化服务品牌活动。群众文化活动在成渝大地上遍地开花，让基层群众也乐享公共文化服务带来的美好。

成渝着手推动文化服务走出去，向基层积极延伸，而促进川渝人才留在基层，搭建宜居乐业环境，成渝人社的服务建设将是助力之一。2022 年 5 月 19 日，重庆市人力社保局与成都市人力社保局“云”签署《成渝双核人社事业协同发展合作协议》（以下简称《协议》）。根据《协议》，双方将突出重庆主城都市区和成都市人社事业合作共进，重点围绕就业、社保、人才公共服务及和谐劳动关系综合治理，合力构建“双核”人社公共服务“四大体系”，助力提升成渝“双核”吸引力、影响力和带动力，打造两地人社同频共振新格局。协同建设成渝人社事业、合力搭建宜居乐业环境、融汇参与公共服务共建共享的发展浪潮，这些举措都将切实增进群众内心的获得感与幸福感。

草木知春不久归，百般红紫共芳菲。打通城与乡的发展障碍，搭建公与众的服务桥梁，改革开放春风已至。城乡携手，公众同心，成渝正共建共享发展成果。

（三）环境宜栖，生活宜居

2022 年 11 月 25 日，成渝文旅发展交流活动暨“成渝十大文旅新地标”颁奖典礼在四川遂宁市大英县隆重举行。随着本次颁奖典礼举行，成渝十大文旅新地标探访评选活动开办已有三年。在历年评选出的各大奖项中，既有大家耳熟能详的峨眉山、解放碑、洪崖洞、三苏祠，也有新生代打卡地成都 IFS、重庆来福士；既有成都武侯祠博物馆、成都金沙遗址博物馆，又有重庆中国三峡博物馆、重庆建川博物馆聚落等知名文博展馆。这些富有巴蜀特色和时代气息的文旅新地标正吸引着国内游客打卡观光，也引来国际旅客的好奇目光并想要亲身体验成渝风土人情。

于大街小巷间漫步锦城，从高楼缝隙中俯瞰山城，在巴山蜀水地流连忘返，海外游客就此建立起对成渝的初印象。打造具有国际范、中国味、巴蜀韵的世界级休闲旅游胜地，承接国际游客的到访游玩，成渝正积极宣传成渝文化旅游，加强巴蜀文化传承保护，推动川渝文化旅游的改革创新。

依托丰富旅游资源与政策大力支持，成渝文旅发展日新月异：新景区不断涌现，原有景区发展升级，一大批旅游胜地接连出现，游客数量正不断上升。发展速度在加快，市场规模在拓展，国内外游客相继涌入成渝，每逢重大假期，成渝时常出现景区爆满现象。成渝发展速度如此之快，休闲这一词，又该如何说起？

站在乐山大佛面前，背着手细致端详，找寻石刻上时间留下的细小裂纹；沿着宽窄巷子踱步，竖起耳慢慢倾听，感受街巷间风声杂着叫卖声送来的生活气息；乘舟于酉阳桃花源景区，跟着流水驶向桃源，看见山水田园风光顺水汽扑面而来；行车于重庆千厮门大桥，伴随车流向前走，望见洪崖洞夜景灯光被日暮一并点亮……在巴蜀大地旅游，川渝独特的历史文化与民俗气息总会在某一个瞬间击中你，让人不禁把脚步慢下来，静下来感受巴风蜀韵的特有味道。在瞬息万变的现代生活中，能让人偶尔停一停、等一等自己，闹中取静，这便是成渝带来的休闲体验。

如何平衡这种快与慢的生活，讲好巴蜀文化与现代故事，成渝两地正在合作探索。2023 年 3 月 8 日，巴蜀文化旅游走廊建设专项工作组联席会第六次会议在重庆召开。川渝两地文旅部门签署一揽子合作协议，清单化推进 9 类 28 项重点任务，联手布局巴蜀文化旅游走廊新赛道，打造具有国际范、中国味、巴蜀韵的世界级休闲旅游胜地。

依托成渝自身的休闲文化，两地着力发展夜间文旅消费并将其深度融入日常生活场景中，赢得了国际关注也吸引了广大游客参与。2023 年 6 月 2 日，首尔时间下午 2 点，由世界节庆协会（IFEA）主办的“2023 亚太旅游节庆城市颁奖典礼”在韩国庆尚道统营市隆重举行。本次活动聚焦“旅游夜经济”主题，经世界节庆协会亚洲分会前期多维度评估、实地考察以及海内外节庆专家权威审议，重庆凭借其魔幻璀璨的都市夜景与活力十足的夜间经济，与澳大利亚悉尼、韩国统营共同入选“2023 亚太三大旅游节庆城市”。本次获选极大程度上表明重庆文化旅游发展尤其是夜间旅游经济发展得到国际范围内的广泛关注和高度认可。

在重庆积极发展旅游夜经济、不断提高自身国际关注度的同时，成都也在利用本土旅游资源，带动发展夜间文旅消费业态。以夜游锦江为例，在2023春节期间锦江接待客流8.2万人，同比2022年增长446%；经营收入同比2022年增长561%。数据火爆的背后是锦江正在积极探索的夜间文旅新形式。围绕新春主题，锦江依托码头空间、游船空间打造多元化成都年味体验新场景，通过新场景刺激文旅消费新活力。同时，锦江游船也借助多种数字夜游创意手法，不断上新。

除夜间文旅消费外，成渝休闲旅游业态还将不断拓宽，探索更多旅游场景的可能性。在探索发展休闲旅游的过程中，成渝不光关注城市，也将目光投向乡村。在2022年“成渝双城经济圈第十届美丽乡村休闲消费节”上，成渝两地各推出10条“成渝互为乡村休闲目的地精品线路”。从精品线路启程，沿线两岸是成渝共同打造的乡村休闲旅游风光，而休闲旅游也在带动当地乡村振兴工作的推进。以成都双流空港花田为例，依托规划的15 000亩空港花田项目，成都双流空港花田带动当地基础设施建设，建立花海栈道景观，增添民宿墙画，吸引游客观光赏花。而随着“赏花经济”的发展，周边农民开始吃上旅游饭、开办农家乐、售卖农产品，景区村民生活越来越有奔头。同时，乡村旅游建设也在推动人居环境的优化，加强生态修复、增设绿化景观、建设和谐环境等工作，既引来游客打卡田园风光，又推动美丽乡村环境的营建。花开引客来，花盛乡村兴，休闲旅游正带动当地乡村建设发展。在乡村振兴大局中，乡村休闲旅游在未来将发挥更大作用。

铺开青山绿水图，共建诗意栖居地，打造高品质生活宜居地，成渝大地正焕发新颜。

第五节 推动形成一极一源

2023年5月11日，重庆四川党政联席会议第七次会议重大事项征求意见座谈会在资阳召开，会上研究提出需要两省市联合向上争取和协同推动的重大事项。站在重庆四川党政联席会议第七次会议召开前夕的节点上，回头看，是筚路蓝缕、砥砺前行，忽觉轻舟已过万重山；往前看，是铆足干劲、整装待发，遥望绿水长流春不改。回望这三年，成渝联手合作，共同构建双城经济圈发展新格局；展望下一程，川渝加快建设，共同打造带动全国高质量发展的重要增长极和新的动力源，向着《规划纲要》规划的发展目标不断靠近。关关难过关关过，前路漫漫亦灿灿。回望来时路，积蓄新动能，建设双城经济圈，成渝进发下一程。

（一）双核联动，双圈互动

2022年4月28日，推动成渝地区双城经济圈建设双核联动专项工作组第一次会议以视频连线形式召开。同年9月，重庆成都第一次双核联动联建会议随即召开，围绕共投共建、相向协作、共同争取三个方面，研究确定第一批 34 个合作事项落地推进。

“双核引领，区域联动。”这是《规划纲要》对成都、重庆提出的发展要求。在此背景下，成渝建立双核联动专项工作组，推动落实历次成渝会议部署，并开展相应的常态化专项工作组会议，以保障工作组的高效运行。站在制度性高位进行合作，是川渝在推动成渝地区双城经济圈建设的亮点之一。

在双核联动专项工作组推动下，成渝携手并进，共同参与成渝中线高铁、跨境公路运输联盟、国际班列海外仓、重点实验室、算力资源、生物医药产业等一批成都、重庆合作的标志性、引领性重大项目；围绕“五个互联互通”“五个共建”，实现交通基础设施、现代产业体系、科技创新资源、城市服务功能、社会公共政策等方面的互通有无；合力打造国际性综合交通枢纽、世界级先进制造业集群、西部科学城、西部金融中心、现代化国际都市等规划图景。

会议召开，文件下发，成渝推进，项目落地。成渝两地的交通、经信、科技、金融、文旅、商务、体育等主管部门，围绕共建领域，积极开展互访交流、认真策划合作事项，合力推动项目工作有序开展。

2023 年 5 月 12 日，推动成渝地区双城经济圈建设双核联动专项工作组第二次会议在成都召开。随着成渝重大项目的逐步落地，2021 年下发文件一一得到回应，而文件对于未来的规划方案也变成今年会议汇报的工作内容。在会上，川渝蓉发改、交通、经信、科技、金融等专项工作组成员及单位相关负责人，共同就双核联动专项工作组第一次会议召开以来的工作推进情况予以汇总，并对下一步重点工作进行安排，还将策划实施一批标志性、引领性互利共赢项目。

在上一次会议与下一次会议之间，过程中传递的是文件，但在途中奔跑的是成渝发展的前进步伐。《规划纲要》发布前后，截至2021年年底，根据四川省统计局给出的数据，成渝地区双城经济圈实现地区生产总值73 919.2亿元，其中四川部分占48 060.2亿元，重庆部分为25 859亿元，经济总量占全国的6.5%、西部地区的30.8%。2023年4月3日四川省统计局和重庆市统计局对外公布的《2022年成渝地区双城经济圈经济发展监测报告》显示，2022年，成渝地区双城经济圈实现地区生产总值77 587.99亿元，占全国的比重为6.4%，占西部地区的比重为30.2%；地区生产总值比2021年增长3.0%，与全国持平。

地区生产总值逐年增长的背后，是成渝地区在双核引领、双圈互动中不断踏出的坚定步伐。强核建圈、互联互通，方能协调区域发展，进而推动成渝地区双城经济圈发展新格局的加快构建。不断强化重庆市和成都市中心城区两大核心，是推动成渝地区双城经济圈建设双核联动专项工作组的关注重点，而建立成都都市圈和重庆都市圈两大圈层，成渝两地正在路上。

2021年11月29日，四川省政府正式印发《成都都市圈发展规划》，明确成都都市圈由中心成都市与联系紧密的德阳市、眉山市、资阳市共同组成，规划总面积3.31万平方公里，2021年常住人口约2 992万人。在成都都市圈发展规划确立后，重庆紧跟其步伐。2022年8月22日，重庆市政府网公开发布一份文件——《重庆都市圈发展规划》，规划范围包括重庆市渝中区、大渡口区、江北区、沙坪坝区、九龙坡区等 21 个区和四川广安全域。重庆都市圈总面积达 3. 5 万平方公里，2021 年常住人口约 2 444 万人。因为四川省广安市被纳入重庆都市圈，所以《重庆都市圈发展规划》会由重庆市政府和四川省政府联合印发。

自此，两大都市圈的发展建设规划都已明确落地，标志着成渝两地都市圈发展将合力迈上新台阶：成都东进，重庆西扩，成渝协同互动，共谋双圈建设。

2022 年 2 月 7 日，推动成渝地区双城经济圈建设联合办公室正式印发《共建成渝地区双城经济圈 2022 年重大项目名单》（以下简称《名单》），共纳入标志性重大项目 160 个、总投资超 2 万亿元，2022 年计划投资 1 835 亿元。其中，建设地址涉及成都都市圈的重大项目有 39 个，《名单》涵盖合力建设现代基础设施网络、协同建设现代产业体系、共建科技创新中心、共建巴蜀文化旅游走廊、生态共建共保、公共服务共建共享六大重点共建任务。

而在重庆都市圈规划公布后，2023 年 2 月 10 日，推动成渝地区双城经济圈建设联合办公室正式印发《共建成渝地区双城经济圈 2023 年重大项目清单》，共纳入标志性重大项目 248 个、总投资 3. 25 万亿元，2023 年计划投资 3 395. 3 亿元。其中，项目则涵盖现代基础设施、现代产业、科技创新、文化旅游、生态屏障、对外开放、公共服务 7 大重点。

成渝联手，合作建设重大项目，在项目建设中建立健全都市圈，在合作交流中推动促进区域发展。从本次会议到下次会议，由今年文件到明年规划，会议桌上摞起的材料累积着工程建设的厚度，成渝推动的总体规划变成前文所述的各项具体部署，在一场场面谈会中，成渝打造着发展的新面貌。

（二）带动区县，联动全国

在成渝地区双城经济圈的璀璨蓝图中，既有成都与重庆两大耀眼双星，又有两大都市圈所构成的行星系。成渝地区发展蓝图的璀璨不光来自双核与双圈的闪耀，还源于区域内众多中小城市和小城镇主动融入成渝地区双城经济圈建设所共同汇成的灿烂星河。而这些汇入成渝地区双城经济圈建设发展洪流中的群星，也在其中获益，补齐自身短板，加快建设速度，谱写高质量发展的辉煌篇章。

以四川广安为例，在2023年广安市政府工作报告中，“全域融入‘双核双圈’，推动同城融圈整体成势”被列为2023年九个重点工作之首。而早在2021年11月16日，广安市第六次党代会就将“坚定实施同城融圈”战略列为未来5年行动纲领的“四大战略”之首。其中，“同城”是指广安将全域全程全力融入重庆都市圈，打造与重庆中心城区同城化的示范区，建成重庆都市圈北部副中心；而“融圈”则是建设成渝双核绿色低碳优势产业配套集聚区、重庆都市圈人与自然和谐共生绿色发展先行区“两区”，由此进入成渝双核引领带动的大格局，建成高规格川渝合作示范市。

在此行动纲领指导下，2023年4月19日，广安正式印发《广安市2023年“同城融圈”重大项目清单》，共纳入30个重大项目，估算总投资 871.4 亿元，年度计划完成投资 117.7 亿元，将从构建便捷高效的“通勤圈”、培育梯次配套的“产业圈”和打造便利共享的“生活圈”三个方面实施落地。

广安积极融入双城经济圈建设，而在投资建设中，广安自身的交通短板也得以补齐。从相关数据来看，2022 年广安全市交通运输投资完成超 80 亿元，同比 2021 年增长 67%，交通固定资产投资完成率位居全省第一方阵、公路网密度居全省第 4 位、高速公路网密度居川东北地区第 1 位、乡镇通三级路率居全省第 4 位；重点项目建设进入全省红榜，入选全省交通强市试点市，创建为省级“四好农村路”示范市。从相关实例来看，西渝高铁广安段启动建设，广安机场选址报告获批，镇广高速全面开工并加速推进，广安绕城西环线完成工可编制。广（安）邻（水）、广（安）武（胜）快速通道建设全力推进，广渝快速通道、机场快速通道前期工作加快推进。嘉陵江利泽枢纽主体完工。全市新（改）建农村公路 850 公里，实现撤并建制村通硬化路全覆盖。同时，根据广安市在 2022 年启动的同城融圈交通三年大会战，未来三年内广安要完成投资 400 亿元，将基本形成同城融圈、链接双核、融通全国的“1+4+9+2”（1 个机场、4 条铁路、9 条高速、2 条水运通道）骨干交通网络。

广安是成渝地区众多中小城市和小城镇主动融入成渝地区双城经济圈建设的代表之一，未来成渝建设还会涌现出更多范例。而在成渝双核引领、双圈互动下，中小城镇也会共享川渝发展成果。百花齐放方能春色满园，未来成渝地区双城经济圈发展还有赖于成渝地区各个阶层的协同参与。

在成渝双核双圈联动建设、区域融合加快发展的进程中，成渝地区双城经济圈正打造成为中国经济第四极。与此同时，川渝也在携手开展邻省合作，联动服务全国大局，着力壮大形成带动全国高质量发展的新动力源。

以贵州为例，2023 年 5 月 18 日，贵州省与成渝地区知名企业家交流座谈会在重庆市举行，双方围绕“四化+数字经济+六大基地”投资机遇，以产业合作为引领，共同讨论深化合作与融合发展的相关事宜。当双方在座谈会上交流产业合作，共商发展前景的同时，正在同步进行的是贵州与成渝不断加强的经贸往来。双方从川黔铁路出发，来到四川与贵州共同打造的世界酱香型白酒产业集群区，沿着两地合作建设的红色旅游线路游览观光，感受四川与贵州协同发展的合作图景；而从渝贵铁路启程，走进贵州桐梓县的“重庆工业园”，参观“黔电入渝”工程的项目设施，了解重庆与贵州携手进行的建设项目。在成渝与贵州间加紧建设的交通路网上，双方搭建起产业协作、文旅交流、能源建设、服务共享等领域的合作桥梁。随着双方座谈会的继续开展，彼此间交流的合作内容还将不断拓展。

除贵州外，成渝还同云南、甘肃、西藏等邻省广泛开展合作，共同参加西部地区的开发建设。而成渝在携手西部，进行新一轮西部大开发的同时，也在联动全国，参与构建国内经济大循环的发展格局。

2023 年 5 月 24 日，四川省自然资源厅与重庆市规划和自然资源局公开发布《成渝地区双城经济圈国土空间规划（2021—2035 年）（征求意见稿）》。这份规划将成为川渝两地落实国家成渝地区双城经济圈发展战略、协同编制和管理各级各类国土空间规划、开展国土空间保护利用相关工作的共同纲领和重要依据。响应国家新发展格局需要，成渝合作构建国土空间的总体格局，优化农业、生态、城镇的空间布局，促进毗邻地区的融合发展，推动成渝地区的高质量发展。除国土空间规划融入国家新发展格局外，成渝地区经济领域的“国土空间”也在同步参与全国建设发展。以“东数西算”为例，作为全国一体化算力网络国家枢纽节点之一，成渝规划设立天府数据中心集群和重庆数据中心集群，承担着“东数”与“西算”的双重任务。依托本土清洁能源的充足保障，以及低成本电价支持、相对低廉的土地成本和数字产业基础，成渝既承接着东部地区枢纽算力的使用需求，又能消纳贵州枢纽的算力供给能力，减少数据传输成本与延迟时长，发挥沟通全国几大枢纽的衔接作用，推动中国数字经济的发展建设。

随着《成渝地区双城经济圈国土空间规划》进入实施阶段，成渝地区将在国家政策指导下逐步优化自身国土空间格局，而在成渝地区发展建设中，中国经济版图也会迎来新布局，向高质量均衡发展的目标加快迈进。

（三）道路曲折，前途光明

2023 年 4 月 3 日，四川省统计局发布的《2022 年成渝地区双城经济圈经济发展监测报告》显示：2022 年，成渝地区双城经济圈实现地区生产总值 77 587. 99 亿元，占全国的比重为 6. 4%，占西部地区的比重为 30. 2%。这两个占比指标相比 2021 年均有所下降。而

2021 年，成渝地区双城经济圈的地区生产总值占全国的比重为 6.5%，占西部地区的比重为 30.8%。与此同时，东部沿海三大增长极——长三角、京津冀和粤港澳大湾区的 2022 年经济总量全国占比也均有所下降。

数据下降的背后，固然有俄乌战争带来全球供应链重创、国内疫情以及旱灾等特殊情况的影响，但产业发展的稳定问题也应当得到重视。作为四大动力源之一的成渝地区同样面临着产业建设问题，正在探索问题的解决方案。

2023 年 3 月 3 日下午，出席十四届全国人大一次会议的重庆代表团举行全体会议，并讨论通过代表团全团建议，将联合四川代表团向大会提交《关于优化重大生产力布局促进成渝地区双城经济圈建设的建议》。吁请国家层面参照京津冀协同发展、长三角一体化发展等区域重大战略政策，加大指导支持川渝优化重大生产力布局的力度，进一步推动成渝地区双城经济圈建设，打造带动全国高质量发展的重要增长极和新的动力源。

代表们表示，成渝地区双城经济圈建设虽已成势见效，但在重大生产力布局方面，与其在全国大局中的发展定位、承担的使命任务尚有差距，仍然面临综合竞争力有待增强、产业协同竞争力不强、区域协调发展水平有待提升、国家政策支持还需加强等发展问题。

成渝地区选择聚集优化重大生产力布局作为解决目前发展问题的着手点，这与我国的发展形势息息相关。2023 年 1 月 31 日，习近平总书记在二十届中央政治局第二次集体学习时的讲话提出："推动区域协调发展战略、区域重大战略、主体功能区战略等深度融合，优化重大生产力布局，促进各类要素合理流动和高效集聚，畅通国内大循环”。作为新晋的“第四极”，成渝地区无论是经济发展水平还是产业发展层级均与其他“三极”相差甚远，是我国经济四极中的薄弱板块。但作为内陆纵深腹地的核心区域，在推动西部协同发展，维护经济平稳发展方面，成渝地区具有重要作用。因此，为促进西部乃至全国的协调发展，进而畅通国内大循环，优化重大生产力布局便成了应有之义。

围绕重大生产力布局等问题，代表们联合提出打造国家重要初级产品供给战略基地、培育具有国际竞争力的先进制造业集群、打造平稳转换产业先行区、扩大自由贸易试验区卫生健康领域试验内容、加大国家统筹协调和资金支持力度五个方面的具体建议。在培育具有国际竞争力的先进制造业集群中，指出要把成渝地区建设成为我国制造业产业链、供应链战略“备份”基地，这将为国内产业建设的稳定发展保驾护航。

在等待国家回应文件建议的同时，成渝仍在加紧推进“交通建设”，于曲折前行的道路上，探索光明的发展前景。

内联外合谓之交。依托水陆空兼备、一体化畅达的综合立体交通网络，成渝内联国内交通路网、外合国际航线节点，发挥着国际物流枢纽的作用。成渝不仅在交通领域联通内外，还在产业合作建设、信息数据通信、科研协同创新、文旅消费服务等方面加快探索，促成国内国际的交流沟通。

沟通无阻称其通。打通成渝合作道路，发扬两地兄弟情谊，扫除统一市场壁垒，实现“成渝通办”，成渝共同构建双方融合发展的良好格局。随着成渝交流阻隔越来越少，未来两地合作道路将越走越广，实现在公共服务、教育资源、医疗保障、文体事业等领域的共治共享。

立行见绩名为建。成渝协同建设西部金融中心与西部科学城，合力建造巴蜀文化旅游走廊和国际消费目的地，探索打造绿色低碳发展与休闲生态宜居的发展模式。在川渝携手行动中，一大批具有标志性与引领性的项目会相继落地，带给这片土地以崭新面貌与发展活力。

筹划部署唤作设。成渝相继设立产业合作示范园区，合作成立对外开放平台，联合开展创新改革试点，于共同规划设计中，探索发现两地协同发展的构造布局。

依托自身“交通建设”，成渝正逐步迈向经济发展的“快行道”，走上产业振兴的“复兴路”，而道路建设好之后，复兴号列车将驶入成渝，沿着川渝搭建的交通线路，驶向中国更远的地方。自此，南来北往，西送东迎，成渝将成为中国经济大动脉上的重要枢纽，连通国内，远至海外，串联起国内国际双循环，成为带动全国高质量发展的重要增长极和新的动力源。

参考文献

[1] 光明网. 同舟共济克时艰，命运与共创未来 [EB/OL].(2020-05-01) [2023-05-11]. https://epaper.gmw.cn/gmrb/html/2021-05/01/nw.D110000gmrb_20210501_1-01.htm.

[2] 新华网.《瞭望》：成渝携手新使命 [EB/OL].(2020-09-27) [2023-06-04]. http://m.xinhuanet.com/cq/2020-09/27/c_1126546653.htm.

[3] 川观新闻. 成渝城市群能否成为中国经济第四极？你怎么看？[EB/OL].(2019-07-11) [2023-06-07]. https://cbgc.scol.com.cn/news/1617273.

[4] 中国政府网. 中共中央 国务院印发《成渝地区双城经济圈建设规划纲要》[EB/OL].(2021-10-21) [2022-03-09]. https://www.gov.cn/zhengce/2021-10/21/content_5643875.htm.

[5] 央视网. 如何解读区域经济发展的“地理密码”？[EB/OL].(2018-11-28) [2022-03-09]. https://www.gov.cn/zhengce/2021-10/21/content_5643875.htm.

[6] 张荣臣. 中国共产党的领导是中国特色社会主义最本质的特征 [J]. 党建，2018 (6)：11-12.